聖地巡礼

内田樹×釈徹宗

Returns
リターンズ

東京書籍

聖地巡礼　リターンズ

まえがき――釈徹宗

聖地に導かれてかの地へと足を運び、街並みや路地や行き交う人々なども含めて感じたことを語り合う。それがこの聖地巡礼シリーズである。

ひと口に「聖地」といっても、いくつかの類型に分けることができる。「その場が本来的にもつ特性」によって聖地と呼ばれるタイプもあれば、「特定のストーリー」によって聖地となったタイプもある。あるいは、「個人の経験や思い入れで成り立つ」といった個人的な聖地の場合もあろう。

聖地の二タイプ

大別すれば、〝場そのものが聖地〟と〝物語による聖地〟の二タイプに分けることができそうである。前者は地形や特徴的なランドマークをもつなど、いつの世にも厳然と屹立してきた聖地であり、宗教学者の植島啓司氏が「聖地は1㎜も動かない」と表現したタイプである。

一方、後者は特定の宗教や出来事などによって生じた聖地。広い意味では、アニメやゲームに関わる特定の場所も〝物語による聖地〟だと言えるだろう※。

前作『聖地巡礼ライジング　熊野紀行』では、〝場そのものが聖地〟という地域を巡った。

この聖地巡礼シリーズを通して、こういったタイプの聖地を何か所も体験してきた。おかげでどうも聖地を感知する能力がアップしたらしい。「あっ、ここは間違いなく聖地だな」といった感覚がわき上がるようになってきた。

実はもともと、私は〝物語による聖地〟の方が好きだったのだ。ところが内田樹先生と共に、伝統的聖地へと身をゆだねていくうち、場そのものが聖地というタイプにも反応できることになった。思わぬ成果である。

※サブカルチャー用語として「聖地巡礼」が定着していることをご存知の人も少なくないだろう。アニメやゲームに関わる特定の場所をファンが訪れるという文化現象である（参考：由谷裕哉・佐藤喜久一郎『サブカルチャー聖地巡礼』岩田書院）。

キリシタンの物語

本書で取り上げるキリシタンの足跡は、どちらかといえば〝物語による聖地〟の傾向にある。長崎の春徳寺と墓地や枯松神社周辺などはあきらかに〝場そのものが聖地〟であるが、多くはキリシタン関係の事件や逸話などによって強い宗教性を帯びる結果となった地である。しかし、その物語が尋常ではない。「信徒発見」や「二十六聖人」は世界のカトリック教会でも名高い出来事であり、バスチャンの人生を始めとした数々の信仰奇跡譚が強烈なのである。どれほど強烈であるかは、本文をお読みいただきたい。

キリシタンは、短期間に興亡を体験し、長く隠れることによって独特の信仰を形成してきた。キリシタンは「許教時代（一五四九年～一六一三年）」「弾圧時代（一六一三年～一六四一年）」「禁教時代（一六四一年～明治初期）」の三期に分けることができる（谷真介『キリシタン伝説百話』）。許教時代には七十万から七十五万人の信徒がいたと言われるので、人口比で考えると現在の三倍ほどクリスチャンがいたわけである。キリシタンの教えを、「まさに私のためにこそ開かれた道だ」と受けとめた人々が大勢いたのだ。

宗教はそれぞれ独自の物語体系を提示する。人は縁あって宗教の物語と出遇う。しかし、「この物語は私のためにあった」という事態になれば、もはや他の物語は必要なくなる。他の物語では代替不能となる。そのとき、その物語はまぎれもない真実となる。物語が主体的真実となるのだ。そして人は救われる。

我々が足を踏み入れたのは、キリシタンにとっての真実が表現された地であった。そしてその聖性はあまりに圧力が高く、我々は「この地からうけたものを、すぐに言語化することはできない」と感じた。そのあたりのとまどいを読み取っていただければ幸いである。

臨時シャーマン

ところで、この聖地巡礼シリーズによって心身の感度が変貌しているのは私だけではない。

おそらく内田樹先生も変貌し続けているはずだ。なぜなら、聖地巡礼を繰り返すうちに、内田先生の潜んでいたシャーマン体質が目覚めているように思うからだ。それが時に言説の暴走を誘発する。もはや「聖地巡礼の際だけの臨時シャーマン状態」である。今回も〝長崎・カンボジア説〟をはじめとして、随所にシャーマン系発言が飛び出している。また、そういった自由な感性と同時に、キリシタンの物語の重さをしっかりと感じ取っておられた。本書の魅力はそこにある。この聖地巡礼を企画・運営してきた岡本知之氏に言わせると、「シリーズ最高の一冊」なのだそうである。

今回も内田樹先生と巡礼部、そして岡本知之氏・東井尊氏・熊谷満氏・植草武士氏の東京書籍スタッフチーム、我々の先達となってくださった下妻みどりさん、お世話になりました。そして今回は、作家の玉岡かおる先生、日本キリスト教団前橋教会の川上盾牧師も巡礼に同行していただきました。本書が世に出るまでに関わってくださった皆さんへ心からの御礼を申し上げます。

二〇一六年一〇月　釈徹宗

目次

chapter 3

3日目

カトリック浦上教会
原爆落下中心地
206
浦上駅
206
202
202
日本二十六聖人記念館
春徳寺
長崎駅
サント・ドミンゴ
教会跡資料館
34
長崎県庁
324
499
大浦天主堂

長崎巡礼１日目

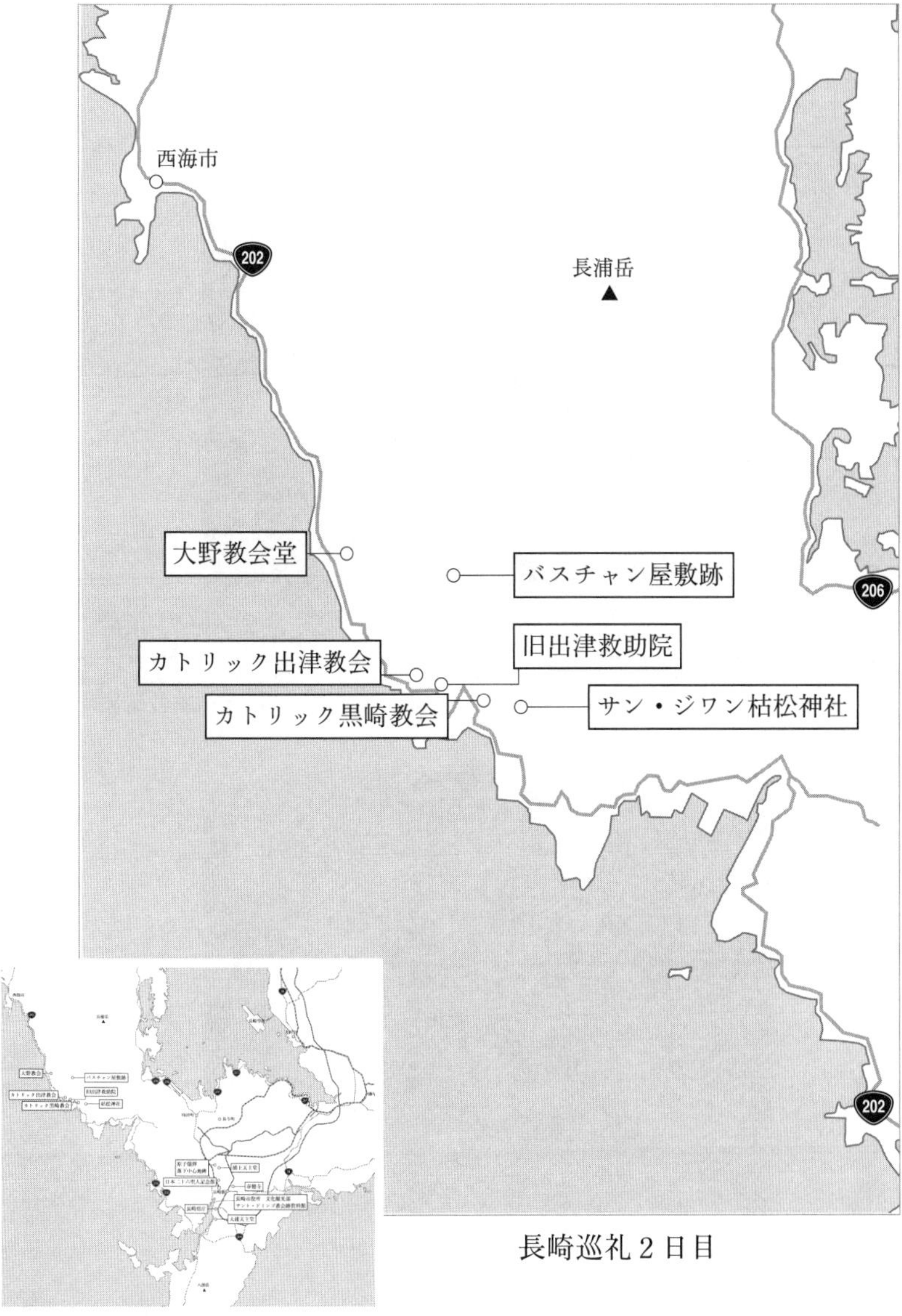
西海市
202
長浦岳
大野教会堂
バスチャン屋敷跡
旧出津救助院
カトリック出津教会
カトリック黒崎教会
サン・ジワン枯松神社
206
202

長崎巡礼２日目

全体図

巡礼部とは？

内田樹の合気道の道場兼自宅「凱風館」を拠点とする、かつての大学院の社会人聴講生が中心となって結成された団体。本書内で登場する「巡礼部」による発言は、同行した部員によるもの。

カトリック高槻教会（大阪府高槻市野見町）にて。

取材ナビゲーター

著者の内田樹（左）と釈徹宗（右）に挟まれている方が、取材ナビゲーターの下妻みどりさん。長崎のライターで、著書に『長崎迷宮旅暦』『長崎おいしい歳時記』、編著に『川原慶賀の「日本」画帳』がある。大野教会堂（長崎市下大野町）にて。

chapter 1

1日目

長崎とキリシタン

Map

春徳寺（トードス・オス・サントス教会跡）
←
サント・ドミンゴ教会跡資料館
←
長崎県庁
←
二十六聖人殉教地
←
浦上天主堂
←
原爆落下中心地
←
大浦天主堂

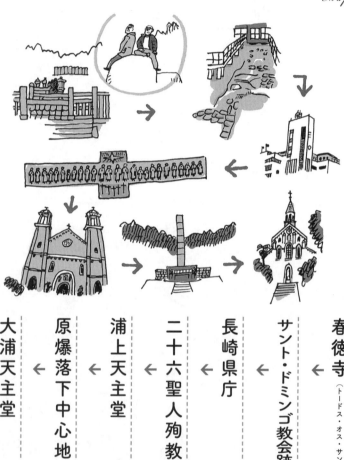

長崎とキリシタン

テーマは「信じる」と「共苦」（バスの中で）

釈　巡礼部の皆さん、おはようございます。今回の聖地巡礼、我々は長崎にやってまいりました。テーマは日本人とキリスト教です。まずは簡単に日本のキリシタンの歴史を振り返ってみましょう。

キリシタンのことを知るには、国内資料だけではなかなか難しいです。やはりスペインやポルトガルなどにある宣教師たちの文書類に目を通さねばなりません。かなり膨大な量でして、まだすべてを解読するに至っていないそうです。ですから、これからも新しい事実が発見される可能性は残っています。

日本にキリスト教がやってきたのはいつなのでしょうか。中国から景教（ネストリウス派）の断片が伝わっていたとするなら、かなり古い時代までさかのぼることになります。でも、キリシタンということになれば、やはり一五四九年にフランシスコ・ザビエルが鹿児島に上陸したときからイエズス会の日本布教が始まります。異教徒の国への伝道、使命感、それが当時のカトリック圏の修道会にあったわけです。また当時のカトリック国の国益とも合致していたんですね。ザビエルはポルトガル国王によってインドへ派遣され、マラッカでアンジローという日本人と出会い、日本へ来ることとなりました。パードレ[*1]（司祭）のコスメ・デ・トーレスや、イルマン[*2]（修道士）のファン・フェルナンデスも同行しています。その時の鹿児島領主は島津貴久でした。貴久はザビエルたちを厚遇します。

ザビエルはその後、平戸の領主・松浦隆信や、山口の大内義隆、豊後の大友義鎮などとも交流します。苦労して京都へ赴き、天皇を改宗させようともするのですが、これはうまくいきませんでした。

などと、ここでキリシタンの歴史をお話すると長くなってしまいますので、今回の長崎の聖地巡礼に関するところだけを列挙しましょう。

まず一五六三年、大村純忠[*3]が洗礼を受けています。大村は肥前の大村（現・長崎県大村市）の領主でした。ポルトガルに対して開港措置をとることで、財政を豊かにします。その後、純忠はトーレスから洗礼を受けるのです。

そして、一五六九年にガスパル・ヴィレラが長崎最初の教会であるトードス・オス・サントス教会を建設しています。この二年前に修道士のルイス・デ・アルメイダが長崎にやって来て、本格的に長崎のキリシタン史の幕が開きます。アルメイダの後を受けた司祭・ガスパル・ヴィレラが教会を建てるわけです。今日、ここを訪れますが、現在は春徳寺というお寺になっています。

長崎が開港され、貿易・文化などの魅力と足並みをそろえて、キリシタン信仰が根をおろしていきます。大村純忠の兄で、有馬晴信の父・有馬義直も、島原半島の口之津を開港します。義直も洗礼を受けました。大村・有馬の領内は大部分がキリシタンとなり、寺社が破壊され、教会堂が建立されます。

しかし、秀吉が一五八七年に九州全域を平定。同時に「伴天連追放令」を出します。翌年には、秀吉は長崎・茂木・浦上を直轄地にしています。でも、キリスト教の信仰自体はある程度認めており、それほど厳密ではなかったらしいです。貿易のメリットもあったからでしょう。

そんな中、一五九六年にスペインのサン・フェリペ号事件が起こるのです。これはメキシコを目指して航行中に高知に漂着した船なのですが、秀吉は積荷と船員の所持金を没収します。また、その後にスペイン人宣教師を処刑しました。次第に弾圧が厳しくなって、一五九七年には二十六聖人が西坂の丘で処刑されてしまいます。

徳川政権になると、長崎は天領となります。そして一六一四年、全国に禁教令が出されて、本格的な迫害が始まります。宣教師やキリシタン大名の高山右近たちは長崎港から国外追放、教会堂は破壊されます。信者たちは隠れなければならなくなる。一六二九年には踏み絵

（「絵踏み」とも）が始まっています。一六三三年にはポルトガルの宣教師フェレイラが棄教しています。

一六三七年から三八年にかけての天草・島原の乱によって、さらに取り締まりは厳しさを増し、ついに日本は鎖国状態となります。

表面上はキリシタンが絶滅することになるのですが、一六五七年には大村でキリシタンの存在が知られ、さらに「宗門改め」「踏み絵」などが強化されます。平戸・生月・外海・浦上・天草など各地のキリシタンたちは信仰を隠したり、五島などへ渡ったりするんですね。一七九〇年に浦上一番崩れ、一八三九年に浦上二番崩れ、一八五六年に浦上三番崩れが起こります。「崩れ」とは、弾圧・検挙事件のことです。

幕末になって日本は開国されます。そして一八六五年、大浦天主堂が建立されます。これは殉教した二十六聖人のために建てられた教会で、現存する日本最古のキリスト教教会です。ここへやってきたフランス人宣教師のプチジャン神父の前に、隠れていた信徒たちがやってきたのです。かの有名な「信徒発見」です。カトリック史においても特筆すべき出来事です。

でも、依然として禁教政策は継続されていましたので、一八六七年に浦上四番崩れが起こります。ド・ロ神父が長崎に来るのはその翌年です。ちなみに、私の知人に高木慶子さんというシスターがおられます。この人は浦上四番崩れの際に流配された高木仙右衛門の子孫だそうです。

一八七三年、ついにキリシタン禁制の高札が撤去され、浦上四番崩れの流配者が帰還します。キリスト教の信仰が認められます。

今回の我々の歩みで大きな関連があるのは、まず「バスチャンの予言」、それに「信徒発見」あたりでしょうか。「土着するカトリック」や「教会群」にも注目です。また、いずれ京都・大阪へと戻ってまたキリシタンの地を訪れますが、その時は「長崎との比較」「高槻の信仰形態」「高山右近」などに注目することになりそうです。

このほかにも長崎で重要な出来事が起こっていますが、それは実際に現地を歩きながら見ていきましょう。

「信じる」

さて、聖地巡礼では毎回テーマを設定しております。今回はなんだろう、と来る途中の飛行機で考えていたんですが……。どうも「信じる」ということになりそうな気がしています。人間にとって信じるってどういうことなのか。そのあたりが少し見えてくると、今回の聖地巡礼の特性が浮上するのではないかと思っています。

というのも、やはりキリスト教という体系は、その前提となっているユダヤ教に比べると、内面を問うタイプの宗教であるからです。ユダヤ教が〝どう行為したか〟という「行為重視型」の宗教であるのに対して、キリスト教は〝信仰のあり様を問う〟といった「内面重視型」なんですね。だから、隠れキリシタンも成り立つわけです。

たとえば、隠れムスリムなんて成り立ちません。日常生活の行為すべてにイスラムのスタイルがありますから、隠れるわけにはいかないです。

そういえば浄土真宗にも「隠れ念仏」がありましたね。実は浄土真宗も内面を問うタイプなので、似たところがあります。よく似ていると昔から言われてきました。キリシタンの宣教師も、来日して浄土真宗を見て、「なんてプロテスタントに似ているんだ」などと言っています。

キリスト教にしても、浄土真宗にしても、弱者の宗教という面があります。弱者が苦難の人生を生きるための手立て、それは「信じる」です。「信じる」という態度は、人間のあらゆる感情やパフォーマンスの中で最も強いものだと思います。そのあたりに弱者の宗教を読み解くカギがあります。

さて、「信じる」が人間にとってどのような事態なのか。おそらく人間の抱える不合理な面、人生の不条理な面が私たちに突きつけられるのではないかと予想しています。それと向き合わねば、人間というものがわかりません。「信じる」が今回の聖地巡礼のテーマのひとつとなるのではないか。

また、これまでの聖地巡礼に比べますと、今回の長崎という地は多くの悲しみや嘆きを内包している点が重要になるかと思います。内包された悲嘆を私たちはどうキャッチするのか。

　聖地巡礼をはじめた最初のテーマのひとつに「コンパッション」がありました。『聖地巡礼ビギニング』をお読みくださいね（笑）。「共苦」ですね。共に同じ痛みや苦しみを感じる。仏教における慈悲の中の「悲」の部分、原語は「カルナー」といいますが、これもまた英語では「コンパッション」と訳されています。

「共苦」について考える際、聖地というのは悲劇を求心力へと変換させる装置だ、などと語ってみたのですが、はたして今回訪れる聖地はそんな具合に変換されているのかどうか。あるいは、いまだにトゲが突き刺さったままなのか。聖地は悲嘆をどのように表現しているのか。場が持つ表現力というものがありますからね。

　以上、今回は「信じる」と「共苦」のふたつをテーマとして設定してみました。さあ、これから二日間、みなさんと一緒に長崎を巡りたいと思います。どうぞよろしくお願いいたします。

内田　これからの行程についてのご説明は？

釈　それは今回ナビゲーターをしていただく下妻みどりさんにお願いします。

巡礼の行程

下妻　皆さん、おはようございます。地元長崎でライターをしている下妻みどりと申します。

今回は、聖地巡礼の現地ガイドを仰せつかりました。あまりの大役に眠れない日々を過ごし、付け焼刃で勉強もしてみましたが、もう右から左に流れて行ってしまいましたので、何年にどの宣教師がどこに来たのかとか、そういうことはお手柔らかにお願いいたします（笑）。ただ、長崎にずっと暮らしておりますので、そもそもどういう土地であるとか、そういう聖地巡礼的な視点では、お話しできるかなと思っています。

今日はまず春徳寺というお寺に参ります。キリシタンをめぐる旅なのになぜお寺、と思われるかもしれませんが、残念ながら長崎の町の中には、キリスト教に関する歴史的遺構はほとんど残っていません。それも含めた、長崎のキリスト教の歴史だとお考えください。

春徳寺は長崎で最初の教会「トードス・オス・サントス教会（諸聖人の教会）」が開かれた場所です。もともと長崎は、開港以前は人口一五〇〇人くらいの小さな寒村だったという説が一般的です。春徳寺はその地を治めていた長崎氏の砦があったとされる「城《しろ》の古趾《こし》」という場所に建っています。

ただ、いわゆる「長崎開港」が、ポルトガル船が初めて入港した一五七一年だとして、それ以前の歴史を「寒村」で済ませていいのかということには、私はとても疑問を感じています。キリスト教時代の歴史や教会が禁教によって破壊されたように、開港以前にあったとされる長崎の神社仏閣や歴史もまた、キリシタンによる「禁教」によって失われています。なので、古代や中世の長崎のすがたは史実としては証明がしにくいのですが、「それ以前の長崎」には、現在の諏訪神社のあたりに大きな神宮寺があったとか、その背後の金比羅山には何十もの宿坊がひしめいていたとか、もっとあやしいレベルでは天孫降臨伝説や、百済の王子様が妙見をお祀りしたというような話も伝わります。そういうことから、「原・長崎」は、小さいながらも宗教的な空気に満ちた土地だったのではないかな、と想像しています。はるばる長崎までやって来られて「しょっぱなから、なんだか地味なところだなぁ」と思われるかもしれませんが、その場所は「原・長崎」において中世の領主が最初に押さえた土地であり、防衛的な理由に加え、いわゆる「聖地」として非常に重要なスポットだったのではなかったかなぁ、ということをお伝えしておきます。

春徳寺の裏には墓地がありまして、その上に「龍頭巌《りゅうずがん》（りゅうとうがん とも）」と呼ばれる巨岩があります。詳しくはまだ申し上げませんが、長崎で最初の教会がここに建てられたことを、とても不思議に思っています。

お墓と言えば、長崎の人間にとってお墓は怖い所ではありません。親族で飲み食いをして花火をする。そんな楽しい場所です。そういうお話もできたらと思っています。

そのあとは長崎らしい細い路地や昔ながらの市場の通りを歩き、長崎という地名の由来にもなった長い岬の道へ向かいます。長い岬、長崎弁で言えば「ナンカミサキ」なんですけれども、それが「ながさき」になったといわれています。長い岬の突端には、春徳寺のトードス・オス・サントス教会の次に、岬の教会が建てられました。

道すがら、長崎の氏神様である諏訪神社の前を通ったり、ミゼリコルディアという昔の福祉施設や教会の跡などを見ていただきます。いちばん最初にできた教会からスタートして、ちょうど禁教前後までの歴史をたどっていくイメージです。

イエズス会と日本

釈 長崎ってホントに複雑な地形ですね。

内田 そういえば、長崎ってイエズス会領になっているんですよね。領主のキリシタン大名の大村純忠が寄進して。

釈 それってよく考えたらすごい話ですよね。

内田 勝手にそんなことしていいのかな、と思いますけど。長崎がイエズス会の知行地だということになると、ここで採れたお米はまず名目上はイエズス会のものになる。そういうシステムですよね。グローバル化の最先端ですね。

釈 当時の領地・領土というのは、今とずいぶん感覚が違うのでしょうね。

内田 違うんでしょうね。僕たちが今抱いているような国民国家「日本」といった国家単位のスケールでものを考える習慣はなかったから。海の向こうの国よりも、自分の領地を狙っている隣接する封建領主たちの方がずっと敵対的だったわけですから。所領を安堵するためには、とにかくできるだけ強力な「バック」が欲しい。イエズス会は世界をネットワークするグローバルな軍隊的組織ですから「バック」としては立派なものです。

下妻 でも、一度は断ったそうですよ。

内田 イエズス会のほうが？

下妻 はい。「寄進します」って申し出たのですが、侵略の野心があると思われるとイヤなのでまずは「いりません」と返答したらしいです。一方、大村氏側には、周囲の龍造寺氏や西郷氏、深堀氏などから圧迫されていた事情があって。イエズス会に寄進しちゃえば攻撃してこないだろうと考えたとのことです。

内田 イエズス会自身に軍事的実力があったわけじゃなくても、グローバルな組織ですからね、トラブルに巻き込むとややこしいとまわりは思ったでしょうね。秀吉がキリスト教を禁教した理由のひとつに、大村純忠に倣って、領主たちが次々と領土をイエズス会のような修道会に寄進するようなことになることを嫌ったということがあるんじゃないかな。イエズス会は海外布教のための組織であって、帝国主義的な意味で海外に領土を拡げるというようなアイディアは持っていなかったはずですけれど、布教の安定的な拠点は欲しかったんじゃないかな。

釈 古代の荘園制度にもちょっと似ていますね。お寺や神社に寄進した形にしたほうが安定的に運営できますから。自前で守るよりも、そのほうがいい。

内田 大村純忠も周辺の豪族たちに脅かされていましたから、イエズス会のようなグローバル組織に形式的にではあれ保護されるメリットは大きかったと思いますよ。今だったら「国境なき医師団」に所領を寄進するようなものかな。違うかな。

釈　権力や利権がひしめき合い、さらには新しい信仰が流入してくる中、ある種のコスモス（秩序）を持ち込む。

内田　日本におけるキリスト教布教は、信長のときは許されていて、秀吉の途中から禁教される。それは単なる「異教アレルギー」ではないし、イエズス会に外交的な脅威を感じたからだとも思わないんです。もっと根源的な、コスモロジーのぶつかり合いがあったのではないか、と思うんです。そのあたりは不干斎ハビアン[*4]に詳しい釈先生のご説明を聞きたいですね。

釈　確かに不干斎ハビアンの著作を読むと、キリスト教は当時の日本に新しくて強烈なコスモロジーを持ち込んだことがよくわかります。それに魅力を感じた人も多かったようです。

また、すでにキリスト教国による植民地政策の話は日本にも届いていました。だから、「日本もあぶないのではないか」という議論もあった。でもハビアンは、地政学的にヨーロッパから日本まで攻めて来ることはないだろうと考えていました。

内田　来ませんよね。だってヨーロッパからだと、日本に来るだけで二年くらいはかかるでしょ。

釈　そうなんです。そのあたりハビアンは実に冷静な判断をしています。ただ、軍事的に支配されるわけではないものの、文化的に支配される可能性は高いことを警告しています。

内田　秀吉はフィリピンの状況については詳しく知っていたと思いますよ。朝鮮半島に進軍するぐらいですからね。東アジア全域についても、十分な情報を持っていたはずです。秀吉の頃、フィリピンに駐留していたスペイン軍兵士は一五〇〇人くらいだったそうです。そんなもんだと思うんですよ。その少し前に同じスペインのコルテスがアステカ征服に連れて行った兵士は五〇〇人、ピサロがペルー征服に連れて行った兵士は一八〇人ですからね。それで中南米は植民地化できた。でも、秀吉の頃の日本は軍事的には歴史上最強でしたからね。もう銃を使っているし、戦国時代の間ずっと戦争をし続けてきた数十万規模の戦闘集団が存在していたわけですから。フィリピンのスペイン軍なんかその気になれば一蹴できるというくらいのことは思っていたんじゃないかな。

だから、秀吉がスペイン軍の日本占領を怖れて、キリスト教を禁教にした……という説明は僕には納得できないんです。そんな恐怖をリアルに感じていたら、日本中の武装集団を朝鮮半島に送り込み、さらにその先南京まで進軍して、新しい王朝を立てようなんていう兵站線がのびきった巨大な侵略戦争のプランなんか思い付きませんよ。朝鮮出兵をしたということは、スペイン軍の日本占領リスクなんか、秀吉が真剣に考えてなかったということじゃないですか。ですから、キリスト教を禁教にした理由は、スペイン、ポルトガルの軍事的な脅威というより文化的なことだったと思う。鈴木大拙の言うような「日本的霊性」と「キリスト教的霊性」の間には、根本的に相容れないものがあると思ったのではないんじゃないですか。そのあたりの、彼我の霊的なコスモロジーの差異について、今日はぜひ釈先生に解説いただきたいと思います。

キリスト教と浄土真宗

釈　なるほど。たとえば生命観や来世観などは相違していました。日本では「生きとし生けるものの生命はすべて等しい」という仏教的生命観が一般的だったのですが、そこへキリシタンは「人間の魂と動物の魂と植物の魂とはそれぞれ違う」ということを持ち込みます。これは大きな衝撃を与えました。そして神の裁きによる来世観。なにより「唯一にして絶対なる造物主である神」は、従来の霊的コスモロジーと衝突します。これらにつきましては、これから何度か話題になると思います。ただ、先に付言しておきますと、よく「日本の宗教土壌にはキリスト教のような一神教は合わない」とよく指摘されますよね。確かに反りが合わない面もあるのですが、日本においてもときどき一神教的な宗教が大きく展開するんです。たとえば、浄土真宗や日蓮宗などは一神教的な性格を持っている宗派です。そして、浄土真宗は日本最大の教団となります。また、キリスト教も一時的にはものすごく教線を拡大します。

日本の宗教性を考察する場合、大枠ではシンクレティズム（習合信仰）の様相が主流であるものの、個別で見ていくと意外な一面もあるということでして。

いずれにしても、日本人はかなり宗教的な人たちであるとは言えそうです。

下妻 ちょうどいま、一七九七年に出された野口文龍さんという方の『長崎歳時記』を読んでいるのですが、親鸞聖人の命日である御正忌の時期の一週間ほど、長崎の市中では魚が安くなるとあります。「ということは、この地には浄土真宗の信者が多いのであろう」と、文龍さんは註釈を付けています。

釈 浄土真宗は草の根型の宗派なので、そうやって人々の生活の中に入っていくんです。

下妻 長崎はキリシタンから「転んだ」人がたくさんいたところに、寺請制度ができて、誰でもどこかのお寺に所属しなくてはなりませんでしたから、そういう人たちが浄土真宗に入ったのかもしれません。

釈 お互いに似ている部分がありますからね。そういう宗教風土が長崎にはあるんじゃないですか。

話をイエズス会の領地寄進に戻しますと、大村氏のような手法は国家というものが確立していけば不可能になります。

内田 秀吉が太閤検地と刀狩をやった。その時点で、日本に国民国家の基本的な枠組みが成立した。そういうことだと思います。秀吉と共に、国土は国家のものであって、領主の私物ではなく、大名たちは政府の官僚であり、軍人であるという考え方が出て来た。秀吉というのは、もともとそういう考え方をする人なんですよ。だって、信長配下の武将たちの中で、秀吉だけは戦功があっても領土を求めなかったんですから。信長が毛利攻めの褒賞として秀吉に十一国を所領として与えようとしたときも、「要らない」と言っている。その代わりにその年貢を九州、朝鮮を攻める軍資に提供してください、と。秀吉には戦功で得た領土を「自分の国」として手入れしてゆくという発想はなかった。なかったというより、そういうふうにふるまうと信長が喜ぶということを知っていた。信長は封建制を廃して中央集権的な統治システムを立てることを夢見ていた人ですからね。日本全土を統治し、大名たちはそれぞれの国主であるより先に、信長の政府の官僚であり、軍人であるという信長の発想に秀吉は早い段階で適応している。だから、大村純忠が勝手にグローバル組織に領土を譲り渡したことは許せなかったんじゃないですか。そんな権限はお前にはない、って。

釈　各地の共同体の自治能力も宗教も国家に組み入れられていく。コントロール下に入る。

内田　ただし、その時点ではそういう発想をしていたのは、信長と秀吉くらいなんですよ。他の武将たち、柴田勝家や明智光秀は、昔ながらの戦国大名ですから、戦場の武勲で切り取った自分の領国と領民がアイデンティティーの基礎だったから、所領を保全することが最優先課題だった。日本全体のことなんか、どうでもいいといったら、どうでもよかった。その時点では「非常識」だったのは秀吉の方で、イエズス会に寄進した純忠の方じゃなかったんだと僕は思いますね。だから、純忠的な「常識」がそのまま許されていたら、長崎だけじゃなくて、あちこちの領土がイエズス会や、バチカンや、他の修道会に寄進されていったかも知れない。そしたら、日本は17世紀くらいからグローバル化して、今ごろはマカオみたいになっていたかも知れない。

釈 日本にイエズス会の領地があったらずいぶん歴史が変わったでしょうねえ。アメリカとの関係も変わっていたかもしれません。

内田 そうですよ。なんかあったら、イエズス会領に逃げちゃえばいいんですから。

釈 ここだけ消費税がないとか。

内田 そうそう、経済特区とかね。法人税安いとか、相続税ありませんとか。そうなったら、来る人多いですよ。カトリックじゃなきゃ入国できませんと言われたら、イミグレーションで入信しますよ。でも、同じ列島の中に価値観が全然違う空間があるって、僕はいいと思うけど。

釈 長崎に着く前から、話がかなり暴走気味になってきました。そういえば、アメリカだと、ユタ州などはかなり特別区的ですものね。

内田 モルモン教の州ですからね。ああいうのはアメリカのある種の健全さの証だと思いますよ。

日本三大港町

下妻 さて、トンネルを抜けると長崎の旧市街に入ります。ここは日見トンネルといって、大正十五年に開通した日本初の有料道路です。それまでは、この上の日見峠を越えて長崎に入っていました。江戸時代の旅人の鼻には、町が近づくにつれ、独特の異様な臭いが感じられたといわれています。いわゆる、ちょっと獣臭いような肉食の臭いです。

釈 長崎には昔から肉食文化があるんですね。

下妻 やっぱり唐人さんがいたので。

内田 チャイナタウンがあるんですよね、長崎って。

下妻 はい、目に見える「中華街」となると、横浜や神戸と比べると小さいですが、江戸時代の一時期は六〜七人に一人が唐人さんだったこともあるので「長崎の町全体が、うっすらとチャイナタウン」な感じかもしれません。

内田「三大港町」って仮説、釈先生に話したことなかったでしたっけ。僕の説では、横浜、神戸、長崎が「日本三大港町」なんです。港町であるための条件は、外に向かって開かれていること。港から山手に向かって急な坂になっていて、階層化されていること。低いところが賑やかで猥雑で、山の上に向かうにつれてブルジョア化してゆくこと、やくざがいること。

釈 三つの港町に共通点があるのですね。それぞれ歌にも歌われています。

下妻 あ、長崎は逆です。山の下の平地に住んでいる人のほうが古くからのお金持ちです。すいません。

内田 そうなんだ。それは残念(笑)。あと、山手にミッションスクールがあって、そこがファッションの発信基地になっていること。そして、最後に絶対条件として、チャイナタウンがあること。これが真の港町の条件なんです。そして、三つの条件を満たすのは、横浜と神戸と長崎。そして、なぜか港町は日本を代表する戦後作家たちを生み出している。神戸が村上春樹と高橋源一郎、横浜が矢作俊彦、長崎というか佐世保ですけれど、村上龍。どの港街も海外からの風が吹き込んできていて、それがこれらの一九五〇年代生まれの作家たちに深い影響を与えている、というのが僕の「三大港町仮説」なんです。

釈 それにしても上のほうにアッパークラスの人が住むっていうのは、考えたら不思議ですね。だいたい買い物や移動に便利なのは低地ですよね。

内田 そうですね。権力を持つと、人間て眺望のいい所から「下々のもの」たちを睥睨したくなるんじゃないですかね。

釈 眺望が大事なんですね。おや、小雨が降ってきましたね。

下妻 まずは春徳寺です。降りますので、ご用意をお願いいたします。

内田 傘を出さなきゃいけませんなあ。

春徳寺（トードス・オス・サントス教会跡）

釈 さて、先ほど下妻さんがおっしゃっていた、トードス・オス・サントス教会を目指します。坂の街だけあって、山手に家が並んでいますね。ちょっと神戸の香りがしますね。

内田 そうですね。あ、路面電車が走っている。

下妻 はい。さっきのお話ですと、路面電車が走っている平地のほうが「高級」です。つまりは電車が走っている所くらいしか、長崎には平地がありません。ちなみにここは「新中川町」という電停ですが、それこそ、作家のカズオ・イシグロさんが生まれ、5歳まで住んでおられたところです。十分くらい歩くと、シーボルトが開き、高野長英も学んだ「鳴滝塾」の跡と記念館があります。で、ここにひっそりと大村純忠と長崎甚左衛門[*5]の碑があります。

内田 「開港先覚者」と書いてありますね。

釈 長崎甚左衛門という人もクリスチャンだったんですか？

下妻 そうです。一五六三年、長崎よりも十年ほど前に開港した西海の横瀬浦で、日本初のキリシタン大名となった純忠と一緒に受洗しました。純忠の娘婿です。甚左衛門が治めていたのは、このあたりにあった人口一五〇〇人ほどのこじんまりした城下町だったといわれています。開港前の「原・長崎」については、もっとさかのぼって、鎌倉時代にも別の「長崎氏」がいたという説もあり、この長崎甚左衛門さんと「いったいどっちの長崎さんなんだ?」と混乱するんですが、一応、この甚左衛門さんは確実です。開港後、貿易で一儲けしようとやってきた新参者のギラギラした人たちや、国を追われたキリシタンたちが、ここから離れた港のすぐそばに新しく町立てをして、それがいまも長崎の中心部となっています。

さて、あちらが春徳寺です。トードス・オス・サントス教会跡でもあります。

釈　「葷酒山門に入るを許さず」。臨済宗のお寺ですね。

下妻　もともとはお寺だったそうですが、それが廃されていたところを長崎氏から与えられ、一五六九年に修道士のガスパル・ヴィレラ[*6]が教会に改造しました。その後、禁教令によって壊され、春徳寺が建てられます。教会時代の遺構としては、奥に井戸が残っています。じゃあちょっと中に。

開港先覚者の碑。

春徳寺（トードス・オス・サントス教会跡）。

釈　なかなか奇麗なお寺ですね。
内田　雰囲気がいいですね。
下妻　このあたりは、開港後にできた華やかなエリアとはまったく違って、とても落ち着いた雰囲気です。この土地に初めてやって来た人が、さあどこに落ち着こうと考えたとき、選んだのがここだというのはよくわかります。
　その後、一五七一年にポルトガル船がやってきて本格的に港が開かれると、波止場のある岬が新しい町となり、教会も次々に建って石畳が敷かれ、パンを焼く匂いも漂う「小ローマ」へと変身していくのですが、そのスタート地点というわけなんです。
釈　なるほど。
下妻　ちょっと見学した後、裏の墓地のほうもご案内しますね。

長崎のお墓

釈 いい感じのお墓だ。なんだかインドっぽい石組みやなあ。

内田 海が見えます。

下妻 長崎のお墓は景色がいい一等地にあります。

釈 長崎もお盆にはみんなが集まってお墓で飲み食いするそうですね。だからこんなにお墓が大きいんですか?

下妻 はい、みんなで。うちのおばあちゃんのところはもっと広いです。

釈 浄土真宗のお墓もありますね。正面は南無阿弥陀仏とあり、法名碑が建っています。文字が金色なのは長崎独特ではないでしょうか?

下妻 一説によると、一七七八年、オランダのカピタン[*7]であるデュルコープさんが洋上で亡くなって弔う際に、その墓に金文字を入れたことに由来するともいわれています。金色は残っていませんが、デュルコープさんのお墓は、いまも悟真寺《ごしんじ》の国際墓地にあります。

釈 どれも金文字ですね。めずらしいです。台湾もお墓が金文字だと聞いたことはありますが。

内田 珍しいですね。

下妻 ほとんどのお墓には、土の神様、土神さんが祀ってあります。中国の土地の神様です。

内田 ほんとうだ。どのお墓にも必ず入っています。

下妻 唐人屋敷にも土神堂というお堂があります。

内田 これ、中国のお線香ですね。

下妻 そうです。長崎のお線香は竹線香で、沖縄でも似たような竹線香を使うようですが、芯と燃える部分の配色が違います。以前ちょっと調べたのですが、「日本以外のアジアで使われる」とのことで、「長崎と沖縄は日本じゃないのか〜」と思いました。

釈 お墓の様式に道教が入っているようですね。

内田 そうみたいですね。

釈 いやあ、これはまたいい墓だなあ。

下妻 あるお寺の方に「長崎独特の仏教のあり方みたいなものってあるんですか?」って尋ねたら「皆さんが仏教だと思っているもののなかに中国の風習や道教なんかが入って来ていて、仏教のなかの違いというレベルの話じゃないです」とおっしゃっていました。お盆の精霊流しにしても、たとえば浄土真宗の教義から見ればNGなんだけど、精霊船を出すのを止めることまではしないと。もはや「長崎宗」みたいなことになっているようです。

裏のこんもりしたお山は「唐渡山《とうどさん》」と呼ばれています。昔の領主が唐と貿易をしていたからとも、トードス・オス・サントス教会の当て字ともいわれます。その唐渡山の中に「龍頭巌」があり、その背後には八つの氣の山と書く「八気山」が龍の身体のように連なっていま

春徳寺の墓地。

す。見る場所によっては、龍がこちらに向かって伏せていて、ここに頭があるように見えるんです。

内田 ナイススポットですね、ここ。

釈 「長崎宗」の聖地といったところです。

内田 そもそも教会を建てるのは、絶対にいい所なんですよ。

釈 そういうことなのでしょう。異国からやって来た人でもわかるんでしょうね、ここだっていうのが。

とにかく道教ではお墓はとても重要です。通常暮らす家を「陽宅」、お墓を「陰宅」と呼んだりします。陽宅だけじゃなく、陰宅に関しても、いい場所に建てなければ繁栄はないと考えますから。

●東海さんの墓

下妻 龍頭巌へ行く途中ですが、こちらに東海さんという、代々唐人貿易の通訳だった唐通事のお墓があります。

釈 立派なお墓ですねえ。説明板には「中国風の墓」って書いてありますね。

内田 東海氏の先祖は徐敬雲。もう彼ら自身が中国起源の渡来人なのか。

下妻 そうです。ただ、唐人屋敷ができたのが元禄年間ですから、出島の五〇年後くらいです。それまで長崎の市中にはかなりの数の唐人さんたちが自由に暮らしていましたので、「渡来人」というよりはもっと溶け込んだ「中国系長崎人」くらいの感覚だったのではと想像します。

内田 またこれはまたずいぶん大きい。

釈 こんなに立派な墓は見たことがない。華南地方の雰囲気ですね。台湾とか沖縄に近い。

内田 カンボジアのお墓にもこういうのありますね。

釈 南方モンゴロイドの気配がしますね。

下妻 そこに獅子頭がふたつ、ベーっと舌を出しています。

内田 これもなんか沖縄っぽいなあ。

下妻 昔はあの目に金箔が貼ってあって、長崎の港からギラッと見えていたそうです。

東海さんの墓。

東海さんの墓の獅子頭。

釈　たしかにここからなら長崎が一望できますものね。それにしてもこのお墓、しつらえがやはり道教だな。

内田　長崎はやっぱり唐人の町ですよ。日本の町で道教を感じる場所なんてないですもの。この雰囲気はカンボジアのアンコールワットですね。その辺から孔雀とかコブラとか出て来るともう完璧なんだけど。

下妻　（笑）。コブラはいませんけど、お墓には結構いろんな動物が彫ってあるんです。

釈　内田先生は、熊野を巡礼したとき、「ここはバリだ」と言いだして、熊野＝バリ説を展開されました。今回は長崎＝カンボジア説ですね（笑）。

内田　（笑）。

釈　しかし、このお墓、おそらく住んでいる家との位置関係とか、方角や日柄などを占って建立されているはずです。実際の家よりもお墓のほうが大事だという感覚だったと思います。

下妻　そうなんです。この東海さんのお墓はつくるのに「ああでもないこうでもない」と一〇年以上かけたらしく、それで長崎ではなかなか物事が進まないことを「東海さんの墓普請」っていうんです。

釈　おお、すごい言葉聞いちゃった。

内田　お墓は南を向いているんですか？

下妻　山をバックにしつつ、自然と海の方を向くという感じでしょうか。ここだと南ですね。

長崎の人が東を感じるのが、太陽と月が昇る彦山、西が夕陽の稲佐山、北がかつて北辰を祀ったともされる金比羅山です。そのふもとに「西山」というエリアもあって、たしかに「原・長崎」のこのあたりから見ると「西」なのですが、開港後に中心地が移動して、微妙に方向感覚がずれてしまいます。江戸時代の「長崎七不思議」に「北にあるのを西山と」という一節があるのですが、それは「新・長崎人」の目線です。いずれにしても山に囲まれて暮らしていますので、山のない土地に行くと、宙ぶらりんになったみたいで不安です。死んでる人も生きてる人も、山につなぎ止められているのかもしれません。

釈　このお墓は子々孫々、一族の繁栄を願って、いろんな工夫を凝らしてつくったものでしょうね。

道教が盛んな台湾では、お墓を人質にとったり、遺骨を人質にとったりする事件が起こるそうです。「お墓を壊されたくなければお金を払え」「お墓から遺骨を盗んだ。返してほしければお金を払え」とか。一族繁栄のために大金をかけ、風水の理念に合うように細部まで配慮してつくったお墓なので、それを壊されたり、一部を取られたりすると、その仕掛けがすべてダメになるらしいのです。だからそんな事件が起こる。

内田　いやあ、お墓の話だけで盛り上がりましたね。

下妻　あともう少し上のほうに面白い場所があるのでご案内しますね。

宗教性がクロスする場所

下妻 着きました。ここが先ほど話していた龍頭巌です。

釈 ほう、ここですか。なるほど。道教では「龍穴」と呼ばれる地勢がポイントでして、そこに住まいやお墓を建てることが望ましいと考えます。ここは龍のイメージがある地なんでしょうね。

下妻 後ろからずーっとうねってきた龍が、ここで頭を休めているイメージです。

内田 すごい岩ですね。この岩は依り代ですね。ここが信仰の対象だったということは間違いないでしょう。

釈 龍頭巌の下にあるこれは何でしょうか？

下妻 お不動さんです。岩のまわりには、ほかにもたくさんの祠や石像などがお祀りされています。ドルメンじゃないかっていう石組みもあります。このお不動さんは大正時代のもののようですが。

釈 お不動さんか。神通力が強いからなあ。密教も入っているわけですね。

下妻 伝説もいろいろあって、有名なのは「たんたん竹女《たけじょ》」です。この岩を叩くと「たんたん竹女」って音がするとかしないとか。それは昔々ある娘さんがいつもこの岩のそばで笛を吹いていたところ、素敵な若者と出会ってぼんやりしちゃって、ついには寝込んでしまうのですが、

お不動さんを覗く。

ふと見ると指のあいだからヘビの鱗が落ちた……という、奈良の三輪山の伝説にも似ていますね。もうひとつはちょっと「実話」っぽくて、江戸時代に長崎代官だった末次家がここにお墓を建てようとしたらしいのですが、こともあろうにこの岩で石棺をつくろうと刃物を入れたら、鮮血がほとばしったと。長崎の人は「そのうち罰が当たる」と噂していたのですが、末次家はそのあと密貿易が発覚して潰れてしまいます。

そんな龍頭巌、ちょっと足元が悪いですけど、岩の上に登ってみたい方はぜひどうぞ！　まさに龍の頭に乗せてもらっているような……『日本昔ばなし』のオープニングの坊やの気持ちになれますよ。

釈　私は登らせていただきます。よいしょ。

下妻 ちょっと滑りますよ、気をつけて。

内田 いやあ、ここはいいですね。これは長崎一望だ。

下妻 最初にお殿様がここに城をつくろうと思ったのも、そりゃあそうだなと思います。当時の石積みといわれているものもあるんですけど、残念ながら目立った遺構というほどのものではありません。

内田 でも、たしかに、ここにつくりますよね。

釈 ここですね。うん。

下妻 南に海、東、西、後ろにも山。

釈 軍事的にも都合がいいのでしょうね。ここだと周囲から攻める手立てが少ないでしょうから。

内田 風水もいい。

釈 ここに日本初の教会を建てるとは、なかなかの炯眼ですね。

内田 侮れませんねぇ、ガスパル・ビレラ。

釈 侮れません。それにしても、この地に教会ができたわけでしょう。そして、今は禅宗のお寺になっている。お墓には道教が入っていて、近くにあるのは金比羅山。これはヒンドゥー教のクンビーラーです。さらにお不動さんもおられる。

龍頭巌から長崎市内を眺める。

下妻 すぐそこには長崎の氏神様の諏訪神社があります。
釈 ずいぶん宗教体系がクロスしていますね。
内田 ほんとうですね。
釈 あそこに見える、木がこんもり茂っている場所、あれが諏訪神社ですよね。
下妻 はい。これから歩くとよくわかりますけど、開港以前はお諏訪さんを付け根に岬が伸びていて、そのまわりは海や潟でした。その後、長崎は開港して新しい町づくりをしましたが、領主の長崎甚左衛門はそれにあまり関与しなかったそうです。ボスである大村氏やそのまたボスである有馬氏がさせたがらなかったという事情もあるようですが、たぶん美しい岬の先をいきなり乱暴にビジネス街にすることをためらう気持ちがあったんじゃないでしょうか。

釈　そうでしょうね。でも埋立地ってたいてい宗教性が枯れますね。大阪も水路を埋めてしまって、宗教性が貧弱になったように思います。その土地の宗教性を尊重しながら埋めていくことに配慮すればいいのに。

下妻　だから、昔はどんな眺めだったんだろうなと思うんです。

内田　でも、岬の突端に教会をつくったのは霊的な「抑え」としては利いていますね。

釈　そうか、そのあたりはなかなかやりますね。

下妻　突端にはもともと小さなお宮があって森崎（杵崎）という神様が祀られていたそうです。ある伝説によれば、それをキリシタンの方がほかしちゃって、西坂に打ち捨てたところ、その人に雷が落ちたとか落ちないとか……。

内田　ほかしちゃいかんですなあ。

当時の岬の突端まで歩く（サント・ドミンゴ教会跡資料館）

岬の道を県庁まで歩く

下妻 静かな城の古址から、賑やかな新大工商店街を抜けて、「ナンカミサキ」の付け根までやって参りました。ここから岬の突端に向かって歩きます。

内田 これが諏訪神社ですね。諏訪神社といえば「長崎くんち」[*8]の「くんち」ってどういう意味なんですか？ 「どんたく」っていうのはオランダ語の日曜日、「ツォンターク（zontag）」からきてますよね。

釈 「くんち」も外来語ですか？

下妻 旧暦の九月九日を中心に行なわれていたので「九日」の「くんち」でいいと思いますが、「宮日」や「供日」という字を当てることもあります。

内田 諏訪神社、大きいですね。

諏訪神社の入り口。

釈　諏訪神社ですから、御神体は建御名方。子どもの姿として祀られたりするので、もともとは南方の神だと思います。南方からの海洋民たちの中には、神は子どもの姿で現れるという信仰があります。建御名方は大国主の子です。それが樹木の信仰と習合します。長野の諏訪大社では御柱祭が行われます。

下妻　くんちでは龍踊りがあります。それ自体は唐人さんから伝えられたものですが、「本家」長野の諏訪大社も龍神さんですし、さっき見ていただいた龍頭巌もすぐ近くで、もともとの「龍の気配」といいますか、うまくマッチしているのではないでしょうか。

釈　ああ、龍神を祀るのはすごくしっくりきます。なにしろこの地形ですから。

下妻　くんちのときは、奉納踊りを終えた龍が、この長い階段を駆け下ってくるのですが、まさに神がかっていて「わぁっ、本物だ〜」って思っちゃいます。

釈 それにしてもいい参道です。独特の地形をしている場所って、何か感じるものがありますよね。水脈とか鉱脈とか巨木がある場所、そういうところはやはり何らかの宗教的な施設が建てられ、神仏が祀られる。人間の感性や知性はそういった営みで鍛錬されてきたのでしょう。ちょっとした異質性や違和感をキャッチする。そこに各宗教のストーリーが組み合わされていくのですね。

そのような「場を感じるのが得意な民族・文化圏」に対して、「理屈のほうが好きな民族・文化圏」というがあるような気もします。宗教の教義なんかが発達するところは、後者の方ですね。日本はやはり場を感じる文化圏かな。よく言われるように、クリスマスも楽しめるし、除夜の鐘も撞くし、初詣で神社にも行くっていうのは、「その場に身を置く」が優先されているからなんでしょうね。

下妻 ここから岬の道が続いています。江戸時代の地図を持ってきましたのでご覧ください。

内田 ホントに尖がってるんですね。しかしね、岬を道路にするなんて……ずいぶんだな。

下妻 そうですね……。ただ、くんちとお盆の精霊流しのとき……神さまと死者たちが通るときだけは、通行止めになります。

サント・ドミンゴ教会跡資料館

下妻 さて、次に訪れるのは、サント・ドミンゴ教会跡資料館です。サント・ドミンゴ教会はもともと長崎代官の村山等安[*9]が寄進した土地に、ドミニコ会のモラレス神父[*10]が一六〇九年に建て、禁教令によって、一六一四年には破壊されてしまいます。その跡には、等安に代わって長崎代官となった末次平蔵が代官屋敷を建てました。いまは市立桜町小学校になっていますが、二〇〇二年の建て直しのときに教会の遺構が発掘され、当時の礎石や石畳が見られます。かつては教会のほかにいろんな付属施設も建っていました。当時の遺構を見られるのは、長崎ではもうここぐらいなので、その質感を感じていただければと思います。

内田 やっぱり江戸時代以前の石組みって感じがしますね。

釈 表面だけを平らにした素朴な石組みに見えます。

下妻 こちらの石畳が教会時代のものだとされています。

釈 穴ぼこが開いているのは、柱の跡ですか。

下妻 はい。教会の回廊と推定されています。

釈 そうか。

内田 瓦が展示してあります。出土した花十字紋瓦っていうのは何ですか？

下妻 軒丸瓦の瓦当面に花十字の紋様をかたどったものです。キリシタン文化の象徴とされて

サント・ドミンゴ教会跡資料館内部。

展示されている花十字紋瓦。

います。

内田 あれ、百合と十字じゃないですか？　ブルボン王家の紋章と同じですね。

釈 長崎代官の村山等安って、不干斎ハビアンと親しかった人なんです。村山等安は、自分の後任者・末次平蔵に「キリシタンだ」と訴えられます。

それでハビアンは懸命に等安を弁護したようです。そういう記録が残っています。この頃ハビアンはキリシタンを棄教して、キリシタン取り締まりに協力するなど、反キリシタンの活動をしていました。でも等安は弁護したんですね。結局、等安の息子がドミニコ会の宣教師を匿っていた事がわかり、等安はついに江戸で斬首となります。

内田 そうなんですか。

下妻 一六一四年の禁教令の際、長崎の町では何度も聖行列がありました。自分自身を、あるいはお互いに縛ったり鞭打ったり血を流したりしながら歩きます。それも十人百人ではなく千人単位です。このサント・ドミンゴ教会を出発した日もありました。そういう聖行列に、等安と彼の奥さんや子どもたちが、堂々と連なっていたそうです。

釈 末次平蔵が着任してからですよね、弾圧が厳しくなるのは。

下妻 はい。ただ末次家も元々はキリシタンです。そのあたりの感情も、かなり屈折や反動があるのかな、と思います。そして先ほどの龍頭巌にお墓を建てようとしたあたりからあやしくなって、ついに密貿易が発覚し、結局は没落してしまうのですが。

釈 末次平蔵自身も元はキリシタンだったようです。

ミゼリコルディア本部跡へ

内田 さて、資料館出ました。引き続き昔の岬の突端を目指して歩きましょう。あ、あのバスすごいですね、「女の都団地」行き。

釈 乗ったらどこに行くんやろう（笑）。

内田 なんて読むんですか？

下妻 「めのと」です。普通の団地ですよ。

内田 「おんなのみやこ」って読んじゃいますよね。「女の都団地」、すごいなあ。そんな名前のキャバレーとかあって。

釈 ピカピカ光ってそう（笑）。あ、岬だからこっちのほうがやっぱり下ってますね。蒲鉾型になっています。

下妻 このあたりはもう当時の岬の先端です。あれが長崎県庁で、さっきのトードス・オス・サントス教会の次に、岬の教会が建てられた場所です。こういう場所のことを長崎弁で「とっぺさき」って言うんですけども、スペイン語で「先端」は「トペ（tope）」なんだそうです。tope は top。まさに「岬の先っぽ」ですね。

釈 教会跡に県庁や水道局をつくるって、長崎はいいセンスをしていますね。大阪にこういう感性があれば……。

内田 そうですね。大阪ではすぐにマンションとかラブホテルとかつくっちゃいますからね。

釈 大阪は墓地ごとなくしてしまったりしますからね。昔の無縁墓地が駐車場になっていたり。

内田 神をも恐れぬという。長崎ではそこを公的な空間にしている。こちらの方がよろしいですね。

下妻 なるほど……。あと、わりと大きな会社の支店が並んでいます。「長崎の丸の内」ってとこでしょうか。

釈 もうよそへ行けば行くほど、大阪の悪口ばかりいってしまうんですよね。大阪を愛する者としては、悲しくなってしまいます。大阪の宗教性の劣化をなんとかせねばなりません。

下妻 すいません。こっち渡ります。ちなみにここはフロイス通りです。

内田 あ、ほんとだ。フロイスが住んでいたのか。フロイスがいたのはまだ禁教の前ですよね。

下妻 フロイスはたぶん、岬の教会のところのイエズス会本部におられたでしょうから、きっとここをよく通られていた、ということでしょうか。このあたりが長崎の開港後に新しくつくられた町です。現在は大部分が万才町となっていますが、平戸町、大村町、外浦町など、最初の六町が建てられたところです。また、万才町というのは明治になってから付けられた

長崎市内を県庁に向かって歩く。

町名です。もとは島原町だったのを、明治天皇が来られたときに「バンザーイ」だったので万才町。

内田 ひどいネーミングだなあ……。

釈 わりと安易（笑）。ただ、こうして見ると、他の日本各地の都市には感じられないキリスト教の歴史と風土を町中に感じますね。

内田 フロイス通りですもん。

下妻 じゃあちょっとこちらに寄り道していただいて。ここも跡しか残ってないんですけれども、ミゼリコルディア本部跡です。

内田 ミゼリコルドって、「慈悲」ですか？

下妻 「慈悲屋」と呼ばれていたそうです。堺からやってきた日本人キリシタンのジュスティーノ飾屋夫妻が一五八三年に設立した福祉施設で、長崎では禁教令により、一

ミゼリコルディア本部跡。

六一四年にはほとんどのキリスト教施設が壊されるのですが、ここだけはその役割の大きさが認められて、一六二〇年まで残りました。

釈　福祉施設の主要なものは、孤児院と高齢者施設だったのでしょうか。

下妻　病院もあって、ハンセン病の方なども暮らしていました。施設がなくなったあとも、組織としては続いて活動していたそうですが、一六三三年に最後のリーダー・ミカエル薬屋が殉教して途絶えました。同じ年には天正遣欧少年使節の中浦ジュリアンが殉教、また『沈黙』にも登場するフェレイラは棄教しています。殉教に関してはこの一六三三年がもっとも多かったといわれていますし、一六三四年に始まった諏訪神社のくんちは、かなりキリシタンの妨害を受けたそうです。島原の乱にしてもその三年後ですから、禁教されたからといってすぐにキリシタンやその文化が消えたわけではなかったのですね。弾圧と殉教、ソフトなところでは踏み絵を繰り返しながら、徐々に鎮めていったというところでしょうか。

ここは後に大音寺というお寺が建ち、それでこの坂段を大音寺坂と呼びます。じつは忠臣蔵のモデルになったという「深堀騒動」があった場所です。一七〇〇年のある雪の日に、長崎の町年寄の高木彦右衛門*11の家来たちがこの坂を歩いていて、そこに深掘藩の武士たちが行き合って「泥が跳ねた」みたいなことで喧嘩になった。それで高木家の連中が深堀屋敷に殴り込みをかけましたが、逆に怒った深堀藩士たちが高木家に討ち入って彦右衛門を殺してしまう。

釈　討ち入りをしたんだ！

下妻　はい。それで赤穂浪士がこのときの騒動をモデルにして、「俺たちもあんな風にやろうじゃないか」と。

釈　赤穂浪士の話はけっこう詳しいと思っていたのに、これは知りませんでした。そうか、あの討ち入りには先行モデルがあったのですね。

観光立国論

下妻　さて、岬の「とっぺさき」に到着しました。いまは長崎県庁になっています。

内田 ここにかつて岬の教会があった。

下妻 はい。とても大きな建物だったそうです。昔のことですから、ひときわ目立ったでしょうね。

釈 いい場所ですね、ここも。

下妻 お盆の精霊流しでは、ここが港の流し場へ向かうメインストリートのなかの、さらにいちばんの見せ場です。くんちの神輿の行列も「お下り」と「お上り」ではルートが違うのですが、どちらもここでは必ず止まります。いろんな存在と時空がこの場所でクロスする。そう思うとやっぱり岬の突端だなあと。

内田 でも、信号の名前が「県庁前」っていうのはよろしくない。

釈 いろいろと気になるんですね、内田先生は（笑）。

内田 ネーミングって大事なんですよ。

釈 やっぱり「ナンカミサキ」じゃないとダメですか。

内田 そうですよ。

下妻 あちらに石碑がありますのでよかったら。

内田 イエズス会本部、奉行所西役所、海軍伝習所跡、と書いてあります。

釈 なんと。上書きに上書きを重ねたような場所なんですね、ここは。

内田 ここにあったんですか、勝海舟の通った海軍伝習所は。

現長崎県庁。

県庁にある石碑には「イエズス会本部」「奉行所西役所」「海軍伝習所」跡と刻まれている。

下妻 もともとは小さなお宮がぽつんとあったそうですが、そのあと岬の教会、さらに被昇天のサンタ・マリア教会が建ち、禁教で壊され、長崎奉行所の西役所になって、幕末には海軍伝習所が開かれ、いまは県庁。ちなみに今度は県庁が移転しますが、跡地をどうするかでいろいろ議論しているところです。

内田 そりゃあ教会でしょう。イエズス会に「買いませんか?」ってオッファーしてみたらどうですか。「昔、イエズス会が教会建てた跡地なんですけど、またどうですか?」って。

下妻 もう森に戻しちゃえと私は思うんですけど。もともと「森崎」と呼ばれる森だったので。

釈 そうなんですか。

下妻 森崎大権現があったそうです。さっきの諏訪神社には、三つの神社が合祀されているんですけども、それが諏訪の神様と住吉の神様と森崎の神様。くんちのときは、その神輿が三台出ます。

釈 今も昔もここが長崎の中心地というわけですね。ということは出島もこの近くに?

下妻 そうです。この岬のすぐ下です。ちょうどくんちがはじまった一六三四年、ポルトガル人を収容するために造られました。奉行所の西役所が見張ってる感じですね。その後、ポルトガル人が追放されて空き家になってしまったので、平戸のオランダ商館を強引に誘致してきます。貿易をするにあたっては、絶対にキリスト教に関するものを持ち込まない、という約束でした。それからいわゆる「鎖国時代唯一の西洋への窓口」として大きな役割を果たすわけですが、いま見ても、小さな町のほんの一区画ですので、商館員たちは「国立の監獄だ」とぼやいていたそうです。でっかいオランダ人にはひときわ狭かったでしょうしね。幕末、明治には居留地となり、市街地が広がってまわりが埋め立てられたり、逆に中島川の変流工事で削られたりして、かなり姿を変えてしまったのですが、大正時代に国の史跡になり、昭和二〇年代から市が土地を買い戻して、一九世紀初頭の出島を復元している最中です。商館長が暮らしたカピタン部屋や料理部屋、倉や水門なんかはもうできています。

釈 内田先生は以前から、「日本は観光立国でいこうじゃないか」とおっしゃってますけど、その点、長崎はなかなかいい方向に向かっていますね。

内田 そうですね。日本は自然資源と宗教資源がほんとうに豊かなんですから。まずは観光立国ですよ。観光と温泉と美味しいご飯と芸能。

釈 なるほど、自然資源と宗教資源。確かに日本中どこに目を向けても豊富ですね。そのことは、聖地を巡る取り組みを始めてから、ひしひしと感じます。よく目を凝らしてみると、いたるところに展開していますから。何年かかっても終わりそうにありません。そして、芸能と温泉ですか。さらに食もありますね。

内田 世界に誇れる日本の資源といったらそれですよ。霊的な資源というのは、土地に長い時間をかけて堆積してゆくものなんですから。その上に現代的なものが乗って押しつぶしているけれど、これをどうやって賦活させるのか、それが二一世紀の日本の課題だと思います。

釈 観光立国といってもカジノはダメなんですよね。

内田 ダメです。そういう俗な話じゃないんです。

釈 観光立国というと、新幹線を通すとか、カジノとか、外資系ホテルとか、そういう話になりがちですが。自然資源と宗教資源に注目すべきであると。

内田 だって、そんなのみんなただの記号じゃないですか、貨幣なんて、ただの記号でしょ。カジノのチップなんて、ただのプラスチックのかけらじゃないですか。そんなものに眼を血走らせているのは倒錯ですよ。温泉に入ってほっこりするとか、美味しいもの食べて幸せな気分になるとか、霊的なものに触れて心身が浄化されるとか、そういう身体ベースの悦楽を味わうんです。ここだって県庁を壊して、更地にしたところに教会をひとつ建ててごらんなさいよ。素晴らしいですよ。この通りが一気に活性化する。

釈 以前からお話を聞いてはいましたが、内田先生がイメージする「観光立国」がわかってきました。

内田 観光立国っていうのは、カジノやホテルじゃないんですよ。土地が持っている強い力に触れることで人間の心身が浄化されて、生きる知恵と力が甦ってくる。そういう経験のことなんです、僕の言う「観光」というのは。

下妻 長崎は、その点ではいい線行っているんでしょうか。

内田 そうですね、長崎はいい線行っていますよ。もう大阪の上町台地に比べたら、天と地ほど違いますよ。

釈 ああ、出ましたか、上町台地、また大阪か。悲しい……（笑）。

内田 あそこはひどいです。いや、本来は素晴らしい霊的なラインがあるんですけど、人間たちがぶち壊しにした。

釈 そうなんです、日本屈指の宗教ラインなんですよ、本来は。寺町や生玉神社や四天王寺界隈は、すごいんですけどねえ。雑多な周囲に埋もれてしまいます。

下妻 でも長崎は、やっぱりグラバー園とかのほうが有名で、岬の道のラインはあんまり知られていないんです。

釈 いや、長崎の軸はこのラインですよ。それは間違いないでしょう。

内田 そうですよ。ここです。ここは素晴らしい。

釈 では、そろそろ食事の時間になりました。休憩いたしましょう。

二十六聖人殉教地と史料館

キリスト教のユダヤ教的部分

釈　長崎駅が見えてまいりました。では、ここでバスを降りましょう。お腹いっぱい長崎ちゃんぽんを食べました。これから歩いて二十六聖人殉教地に向かいます。
　日本人修道士と信者が二〇人、外国人修道士が六人、計二十六人が秀吉の命で処刑されました。このことは国内以上に、ヨーロッパで話題となったようです。十九世紀には全員が聖人となっています。日本人で列聖されたのは、この二十人以外に誰がいるのでしょう？

下妻「聖トマス西と15殉教者」と呼ばれる十六人が一九八七年に列聖されています。日本人は九人いました。福者はもっとたくさんいて二〇〇八年に長崎で日本初の列福式がありました。

内田　福者が文化功労賞で、文化功労賞受賞者のなかから文化勲章もらえるみたいな感じなんですか？

釈　そのあたりの制度はよく知らないのですが、一応、福者（ベアト）は聖人（セイント）の前段階ということになります。列福で少なくとも死後数十年、列聖だと数百年かかるなどと言われます。「奇跡の認定」など、審査は厳しいみたいです。マザーテレサが異例の早さで列福したときは話題になりました。

内田　けっこうたいへんなんですね。たしか列聖の審査ってバチカンでやるんですけど、このとき枢機卿の一人が「悪魔の弁護人」（avocat du diable）というのに指名されるんです。この人の仕事はひたすら候補者がいかに聖人とされるに「ふさわしくないか」、ありとあらゆる証拠を持ち出して、徹底的にけなすこと。

釈　まるで裁判みたいですね。両方の立場を設定して議論するのですか？

内田　「悪魔の弁護人」に指名されたら、候補者を個人的にどう評価しているかと無関係に、とにかく欠点を探さなければいけない。列聖の根拠とされるものを意地悪く、一つ一つ否定してゆく。

釈　かなりユニークな形態ですね。ローマ帝国の制度の名残りかな。でもわずかな箇所の解釈を延々何年も議論したりするところは、ユダヤ教的な感じもあるな。

内田　自己利益とか党派性とかまったく無関係に純粋に論理的にある立場の瑕疵を吟味するというのは、ユダヤ教が源流でしょうね。ラビたちの聖句をめぐる論争というのは、「あなたがそう言うなら、私はそれと反対のことを言う」という知的な訓練ですからね。自分の個人的信条をいったん「棚に上げて」、ある主張の論理的瑕疵を徹底的に追及する。あれやると、頭よくなるんです。

釈 もしユダヤ教に源流があるとすれば、キリスト教の中にあるユダヤ教的な部分がヨーロッパにいまも残り続けていることになりますね。

内田 アル・パチーノとキアヌ・リーブスが出た『ディアボロス』[*12]という映画があるんです。原題はThe Devil's Advocateですから「悪魔の弁護人」そのままなんです。舞台は現代のニューヨークだけど、アル・パチーノが悪魔で、文字通り「悪魔の弁護人」として「悪魔は正しい」という演説をぶつところが物語のクライマックスなんです。神はダメだと。悪魔のほうがずっと人間にとってフレンドリーな存在だ、という大演説をする。この悪魔の弁護論は、伝統的な護教論の裏返しなんですよね。「神がほんとうにいるなら、なぜ人間がこれほど苦しんでいるときに救いに来ないのか？」という護教論を攻めるときの一番きびしいポイントを悪魔は衝いてくる。遠藤周作の『沈黙』のテーマもそうですけど、あらゆる背教、棄教はだいたいこの問いに苦しんだ末に選び取られる痛ましい結論なんです。悪魔は「神が存在するならなぜこの世に悪があるのか、なぜ苦しみがあるのか」と迫って信仰の基礎を崩していく。

釈 ははあ。キリスト教会はニカイア公会議やカルケドン公会議など、公会議によって正統と邪義・異端との落としどころをつくってきました。そういった経緯がベースになっているのかもしれませんね。

内田 悪の存在をどうやって神学の体系の中に位置づけるのか、むずかしい問題ですからね。

釈 構造的な特性なのかな。そうすると、列聖・列福審査の裁判みたいなものも公開でやるんですか?

内田 コンクラーベと同じで、非公開なんじゃないですか。

釈 そこにはあんまり血統の論理とかはなさそうですね? 何々家の生まれとか。

内田 それはないと思いますね。悪魔の弁護人の知的能力が高ければ高いほど、列聖された人の格は上がるわけですから。

釈 実に興味深い文化・風土です。やはり現代社会の構造を理解するには、キリスト教を学ばねばなりませんね。我々は欧米型近代を大幅に取り込んだ社会に生きているのですから。

下妻 さて、こちらを登っていきます。

二十六聖人記念館と聖堂を設計したのは、日本にガウディを紹介した建築家の今井兼次で、カトリック信者だったそうです。二十六聖人の列聖一〇〇年を記念して、一九六二年に建てられました。記念館と聖堂のモザイクは、聖人たちが京都から長崎まで歩いてきた道のりにある各地の焼き物の破片を集めて表したもの。記念碑の裏のデザインは、京都から長崎までの道のりを表現した「長崎への道」という名の作品です。

内田 この広場はバルセロナのグエル公園が入っていますね。

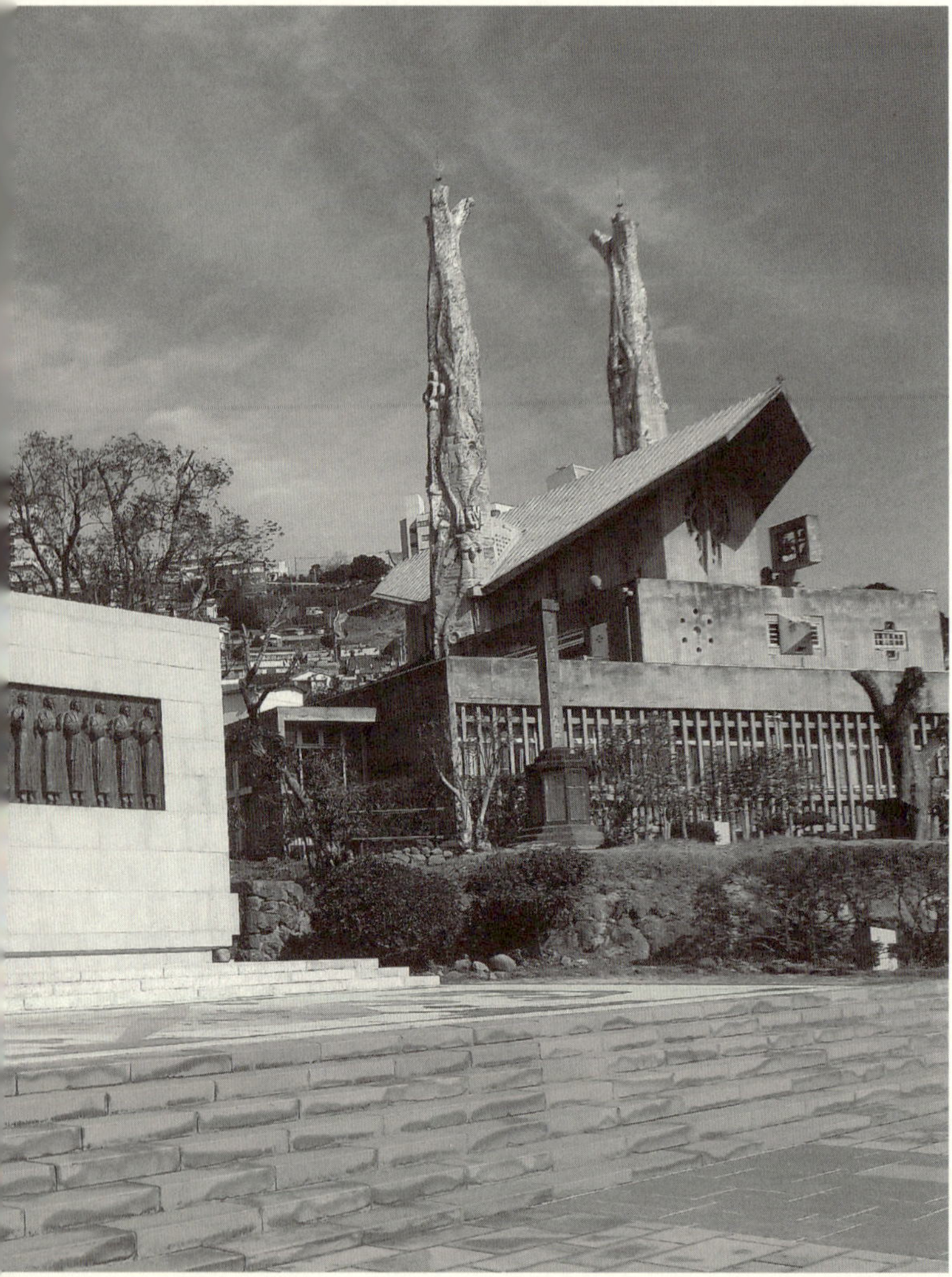

二十六聖人殉教碑（「日本二十六聖人記念館」提供）。

釈　入っていますね。ここはいかにも高台です。見せしめの処刑だったんでしょうか。

内田　そうでしょう。これが二十六聖人の記念碑。

釈　子どももいます。

下妻　最年少が十二歳のルドビコ茨木で、京都のフランシスコ会の修道院にいた少年です。ひとりの武士が哀れんで「信仰を捨てれば命は助ける」といったそうなのですが、「束の間の生命と永遠の生命を交換するのは意味のないことです」ときっぱり断ったそうです。

内田　LAUDATE DOMINUM OMNES GENTES　上に書かれてあるこのラテン語の意味はなんでしょう？

下妻「諸々の国々よ、主をほめたたえよ」という意味のようです。

内田　きっと聖書の言葉ですね。下には日本語もありますね。「人若し我に従わんと欲せば、己を捨て　十字架をとりて我に従ふべし」。よく見ると、みんな足が宙に浮いていますね。これは天に召されたということですね。

釈　みんな手を合わせて天を仰いでいます。また、手を広げてこちらを向いている人もいますね。

下妻　二人が手を広げています。パウロ三木[*13]とペトロ・バプティスタです。パウロ三木は最後の最後まで教えを説いていたそうです。

内田　祝祷の形ですね。

下妻　ここは昭和二五年にローマ教皇ピオ十二世によってカトリックの公式巡礼地となり、昭和五六年に来日されたヨハネ・パウロ二世は「一人の巡礼者として」祈りを捧げられました。日本カトリック司教協議会からも、日本で第一号の「巡礼所」に指定されています。殉教の日である二月五日直前の日曜日には、毎年ミサがあります。では記念館に入りましょう。

二十六聖人記念館

記念館員　皆さんこんにちは。どうぞよろしくお願いいたします。

さて、二十六聖人について少しお話します。残念ながら二十六聖人については長崎の人もよく理解していないのが現状ですが、彼等が殉教した話は当時、世界中に書物や銅版画などで広く伝えられていて、二十六人に捧げられた教会は世界中に数百あると言われています。長崎の大浦天主堂も実は二十六人に捧げられた教会です。正式な名称は「日本二十六聖殉教者天主堂」といって、この記念館が建つ西坂の丘を向いて建てられています。

釈　なるほど。

記念館員　ここにはザビエルに関する貴重な資料がたくさん飾られていますけれども、とくに見ていただきたいのは、このフランシスコ・ザビエル直筆の書簡です。大阪の茨木で発見された、歴史の教科書にも載っている有名なフランシスコ・ザビエルの絵がありますが、多くのフランシスコ・ザビエルの絵は心臓が燃えているように描かれています。つまり、神様

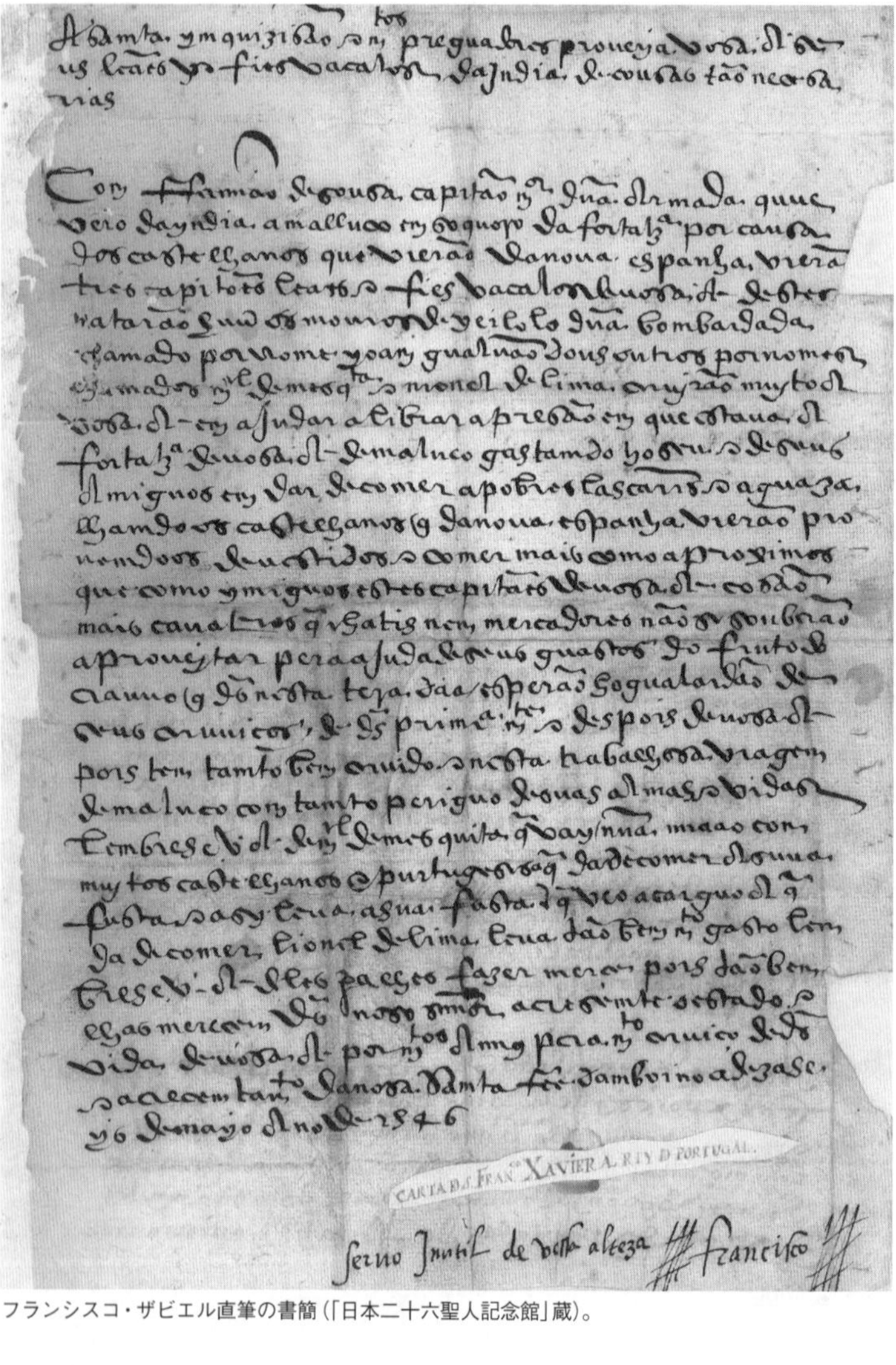

フランシスコ・ザビエル直筆の書簡（「日本二十六聖人記念館」蔵）。

からの愛があまりにも熱過ぎて、信仰心に燃えている。ほかにも胸もとを開いて描かれている聖人の絵がありますが、それもやっぱり神の愛で胸が熱いからです。御存じかもしれませんが、インドのゴアにあるジェス教会にザビエルの御遺体は大事に保管されています。

内田 ゴアは東方布教の拠点地だった訳ですからね。

記念館員 はい、その通りです。

釈 この手紙はなんでしょう？ 一六二一年の手紙ですね。

記念館員 これはイエズス会の神父だった中浦ジュリアン[*14]が、キリシタン弾圧が最も厳しいときに、ローマにその様子を報告するために書いた手紙です。弾圧が大変厳しい状況を説明し、また隠れキリシタンの時代のはじまりを報告している。そういった意味では二重の意味で貴重な資料です。

釈 途中で見つかったら大変だったでしょうね。

記念館員 当時は同じ内容の手紙を三通ぐらい書いていたそうです。それをまったく別々のルートで送る。どれか一通は着くであろうという考えでした。幸いこの手紙はなんとかローマに着いた。しかし、中浦ジュリアンは一六三三年にこの記念館のある西坂で殉教を遂げます。西坂では二十六聖人だけでなく、わかっているだけでも六〇〇人以上のキリシタンが殉教したといわれています。

キリシタンは江戸幕府に迫害を受けますが、明治新政府になってからもそれは続きました。

高札では慶応四年に出された五榜の掲示で、キリスト教を禁じています。キリスト教禁止と迫害は明治維新後も続き、信仰の自由を得るには明治六年二月まで待たなければなりませんでした。

あちらにある絵もぜひご覧になってください。ある意味、この記念館でいちばん貴重な資料といえるかもしれません。「雪のサンタ・マリア」という絵です。イタリアでは大変有名なモチーフですが、長崎の旧外海《そとめ》町の隠れキリシタンの家に代々伝えられて来たもので、竹筒の中にずっと隠されていたそうです。ご覧の通り和紙です。

当時、イタリアからニコラオという宣教師が絵の指導に来て、日本人に絵の技術を教えていたそうです。日本人の手で和紙に描かれ、しかも現存しているのはこの絵だけです。歴史的にも大変貴重だし、絵そのものの芸術性も高い。四〇〇年前の日本人が描いたとは思えません。この絵を見るためだけにわざわざこちらに来館されるキリシタン研究者もいるくらいです。

釈　美しい絵ですね。

記念館員　この記念館にはマリア観音を数点展示しています。「隠れ」の方がマリア様に見立ててお祈りを捧げていたもので、なかには被爆して傷ついたものもあります。さて、そちらにあるのが弥勒菩薩です。

釈　ははあ、半跏思惟ですね。

雪のサンタ・マリア(「日本二十六聖人記念館」蔵)。

記念館員　六〜七世紀頃、朝鮮半島でつくられたそうです。事実であれば、国宝級の価値があります。「隠れ」の人たちにとっては、荒野の修業を経て痩せられたイエス様という見立てです。

釈　修行中の弥勒菩薩を、荒野のイエスに見立てる。

記念館員　ただ、面白いのは、弥勒菩薩様はいまから五十六億七千万年後にまたこの世に現われ、人類を救済してくださる仏様なんだそうですね。

釈　そうですね。

記念館員　そういう意味ではたまたまなのかもしれませんけど、イエス様とシンクロする部分はあったのかもしれません。

内田　弥勒菩薩をイエスに見立てるというのはすごいなあ。

釈　ホントですね。二五〇〇年以上前に釈迦が亡くなって、次に弥勒がこの世に現われるまでこの世界では無仏の時代が続く。そのあいだを担当するのが阿弥陀仏。これを三世仏思想といいます。過去仏が釈迦、現在仏が阿弥陀、未来仏が弥勒。弥勒（マイトレーヤ）信仰というのはなかなかユニークです。中東から地中海などに拡大したミトラス教ともつながります。弥勒菩薩には上生信仰と下生信仰とがあります。弥勒はいまも兜率天で修行中で、五六億七千万年後に仏になって悟りの世界に行くのが上生信仰。そこからもう一度人間の世界に帰ってくるというのが下生信仰。そのふたつ分かれるんですけれど、「最後の審判」と「下生信仰」が重なったのかもしれません。

内田 中国の影響もあったんでしょうか？

釈 あると思いますね。弥勒信仰って中国で盛んです。中国で習合信仰化した可能性もあり、長崎は中国文化がずいぶん入っているのでここで重なった可能性もあります。中国と、ヨーロッパ、そして朝鮮半島の文化がこの長崎ではかなり融合している感じがします。

やはりいろんな文化が接するインターフェース部分には、新しいものが生まれるのですね。弥勒信仰に「最後の審判」を重ねる人がいても不思議ではありません。それも異質が混入する地域におけるインテリジェンスのひとつなのでしょう。文化・信仰・アートの化学反応が起こりやすいんですね。

記念館員 二階にもいろんな展示がありますので、どうぞゆっくり見て回ってください。

「殉教はできません」

下妻 元和八年の大殉教図の複製絵（次ページ）です。まさにこの場所を描いたものですね。

釈 皆さん、髷を結ってなかったんですね。剃髪している人もいる。宣教師たちは火あぶり、日本人キリシタンは斬首されているようです。

下妻 ローマのジェズ教会の資料で、実際に殉教を見た日本人のキリシタンがマカオで描いたとされています。

元和の大殉教図（複製絵）。

内田　かなりリアルですものね。

下妻　刑場の周りに長崎の人たちが見に来ています。西坂は浦上街道からの陸路でも、海から入ってきても必ず見えるし必ず通る場所で、外から来る人はイヤでもこの丘を見てから町に入るのです。

内田　しかし、殉教って偉いね。

釈　「偉い」にたどり着きましたか。

内田　僕には絶対できません。

釈　それは確かに。

内田　僕は拷問されたら一瞬で棄教しますよ。痛いの大嫌いですから。

釈　踏み絵という拷問では、僕も割とすぐ踏み絵を踏んでいると思います。

内田　いいんですか？　踏んじゃって。

釈　先方が「踏め」と命令する前に、自分から「踏むので出してください」と申し出ます。捕まった時点で。

下妻（笑）。踏み絵は正月の時期にするんです。

内田 気分悪いですよね。正月の「さあこれから」っていうときに。

下妻 はい。一六二九年から一八五八年までの二三〇年ほどのあいだ、たとえ信者でなくとも、長崎に暮らす人は全員必ず踏まなくてはいけませんでした。時代が下るほど、遊女が着飾って踏み絵をするのを見物したりして、単なる儀式の度合いが強まっていったようなのですが、それでも決して気持ちのいいものではなかったと見えて、正月のお祝いとは別に、踏み絵が済んだらまた改めて宴を開いたり、万歳などの芸能者が寿ぎというか、厄払いをしてまわったようです。

内田 しかし、残酷なアイデアですよね、踏み絵って。ヨーロッパにもあるんですか？

釈 いや、日本オリジナルらしいです。

下妻 立てない病人や老人、赤ん坊には、足にペタッと絵をくっつけました。

内田 聖人たちはほんとうに見事な殉教ですよね。何度も何度も「もう痛めつけないから転べ」と迫られても、「いえ、私は転びません」というんだから。

釈 二十六聖人は大阪と京都で引き回されて、なんとこの長崎まで歩かされてきたんですものね。しかも左の耳を切られて。来世に強烈なリアリティがないと態度をつらぬき通すことなどできなかったでしょう。純粋な信仰心だけで殉教したのは、ローマと長崎だけだとも言われます。

内田　来世をありありと感じるんでしょうね。天からのお迎えが必ずあると信じられるから、こんなところで棄教するわけにはいきません、と。

釈　殉教者にとってみたら、神の国で過ごす長い時間を思えば、現世なんて一瞬ですから。いま信仰を捨てたらそれこそ永遠に苦しむ。視点や価値観が全然違いますよね。永遠の地獄を思えば、ここで一〇年や二〇年早く死んだとて、という感じでしょうね。

原子爆弾と長崎（浦上天主堂と原爆落下中心地）

血肉化された信仰（バスの中で）

釈　さて、バスに乗って浦上天主堂に向かっています。浦上天主堂は、現在はカトリック浦上教会という名前になっているそうです。しかし内田先生、やっぱり二十六聖人のように生と死のストーリーがあると信仰って血肉化しますすね。あのようなストーリーがあって宗教は土着化していく。その信仰のために生きて死んだ人がいるという事実が根を張る。

内田　『沈黙』のテーマもそうでしたね。「私は果たして殉教できるだろうか」という問い。普通はそこまで考えないです。「ほんとうに神様っているのかな」ぐらいのことは思うかも知れないけれども、果たして自分はどれほどの拷問の責め苦に耐えられるだろうか、踏み絵ができるかだろうかなんて考えないですよ。実際、足の裏にリアルに感じるわけですからね。でも、まさにその肉体的な実感によってはじめて信仰が受肉するということがわかりますね。

釈　キリスト教の信仰をつきつめれば、当然浮上してくるテーマです。

内田　生身の人間の生き死にに踏み絵という身体的実感の集合的記憶が残っているという点で、やはり長崎のキリスト教の土地柄は、他の日本の土地とは異質ですね。

釈　カトリックならではの面もありそうです。やはりマリア信仰や聖人の絵や造形が大きな要素となっている。

内田　聖母信仰は、キリスト教をヨーロッパで布教していく過程で起きた土着神との習合のかたちですから、日本でもやはりそれと同型的な習合現象が起きたんでしょうね。

釈　その一方で、今日見ていただいてわかるように、三位一体説が抜け落ちているんですよ。だからこれ、やっぱりキリシタンなんですよ。キリスト教とかカトリックじゃなくて「キリシタン」という宗教になっているんです。

内田　そうですね。

釈　これは宣教師の戦略でもあったようです。三位一体の教えを前面に出すんじゃなくて、まずは造物主のストーリーから説いた。「この世界をクリエイトした人がいる」、「その人しか本物の救いは成し遂げられない」。そして魂の不死を説く。さらに、ほかの生物と人間の魂は違うことを語る。この三段階で行こうと明確に戦略を立てた。それで三位一体は後回しになった。

下妻　三位一体に行き着く前に禁じられたんですね。

釈　そうです。その順序が最も日本人に受け入れられるだろうと宣教師たちは考えた。ザビエルもそういっています。あとオルガンティーノ[*15]だったかな、日本人にウケるのは宗教儀礼だと見抜き、我々も儀式を工夫しようと本部に報告書を送っています。戦略的に日本人の心に届くような宗教性をつくったものですから、ヨーロッパとは違う「キリシタン」という宗教になった。

下妻　そういう逸脱ってどれぐらいまで許されるんですか?

釈　カトリックは、プロテスタント諸派と比べれば、土俗的信仰を取り込む許容量は大きいです。

内田　カトリックはしぶといですよね。アイルランドでも、ケルトの土着信仰と習合していますからね。

釈　クリスマスも、もともとはケルトの冬至の祭が起源だ、などと言われています。

下妻 このあたりから浦上のほうに入っていきます。

内田 もう浦上なんですね。

下妻 二十六聖人殉教地がある西坂は、長崎奉行が治めた長崎の町と代官が治めた浦上村との境でもありました。禁教の後も密かに信仰を守ったキリシタンは、長崎を離れて方々に潜伏しますが、その代表格が浦上です。右手に聖徳寺というお寺が見えます。浦上のキリシタンは一応このお寺の檀家となりました。ずっと隠れきっていたわけではなく、一七九〇年の「一番崩れ」から、一八三九年の「二番」、一八五六年の「三番」と、時々見つかってはいたようです。しかし取り締まる側も自分の担当で面倒を起こしたくなかったのでしょう。「キリシタンがいた！」となると大変ですから、たとえば「心得違いの者がいた」という程度で済ませていました。しかし大浦天主堂ができて、聖徳寺の檀家のキリシタンが信仰告白をした上に、「もう葬式は自分たちでやる」と寺との決別を表明したことからはじまった「浦上四番崩れ」[*16]では、さすがにお目こぼしというわけにはいかなかったのです。

「崩れ」とは摘発や検挙、場合によっては組織が崩れてしまうということです。「浦上四番崩れ」で苛烈な弾圧があり、浦上のキリシタンたちは萩や津和野や福山といった場所に流されて、ひどい拷問を受けました。その数は三〇〇〇人以上といわれていて、明治六年にキリスト教禁制の高札が撤廃されるまで続きます。その後、浦上のキリシタンたちは故郷に帰ってこられたわけですが、略奪に遭って家も財産も何もない状態だったそうです。

苦難の旅から戻った彼らは、踏み絵を強いられていた庄屋屋敷を買い取り、ひとつひとつレンガを積み上げ、三〇年もの歳月をかけて「東洋一」と称された浦上天主堂をつくります。そうしてようやく、思うような信仰生活が叶ったのですが、昭和二〇年八月九日に原爆が落ち、天主堂は木端微塵になってしまいます。当時、浦上の信者さんが一万二〇〇〇人ぐらいだったといわれていますが、その内の八五〇〇人ほどが原爆で亡くなりました。

いまの浦上教会は、戦後コンクリートで再建されたものです。私の小さいときはまだコンクリートの建物で、昭和五六年にローマ教皇ヨハネ・パウロ二世が来られたのに合わせて、上からレンガを貼りました。ちょっともったりした形になっているのはそのためです。

内田　レンガを貼ったんですね。

下妻　ヨハネ・パウロ二世はこちらの左手のグラウンドでミサをされました。長崎では珍しい大雪の日だったんですが、全国からカトリックの信者さんたちが大勢来られて、雪の中、倒れる人も出ながらのミサでした。でも、教皇が現われたときだけ日が差したのをとてもよく覚えています。長崎ではテレビ中継があって、たしか学校で見ていたと思います。「せんそうは、にんげんのしわざ」と日本語で言われたのは、子どもながらに強烈な印象でした。学校に何人もカトリックの子がいましたが、ミサに行くのは公休扱いでしたね。

釈　岸和田の「だんじり」状態ですね。

下妻　そうなんですね！　長崎は「くんち」に出る子どもたちも欠席にはなりません。さて、そろそろ浦上教会が正面に見えてきましたね。

カトリック浦上教会と鐘楼

下妻　あ、閉まっています。「本日は入れません」。いやあ、入られん……。
内田　でもきれいな教会ですね。
釈　青のステンドグラスがすごくいいです。あ、雨が本格的に降ってきました。
内田　降ってきちゃいましたね。
釈　戻りましょう。内田先生、雨男の本領発揮ですね。内田先生と「長崎」との組み合わせで、雨が降らないはずはない。
下妻　ええと、中に入れなかったから、どうでしょう？　鐘を見ませんか？「鐘ドスン」を。
釈　なんですか、鐘ドスンっていうのは？
下妻　教会の敷地に、原爆で吹き飛ばされた鐘楼が落ちているんです。
釈　へえ、そうなんですか。行きましょう。
下妻　すぐそこです。
内田　「旧浦上天主堂鐘楼」。原爆で塔ごと吹っ飛んだんですか？
下妻　はい。上からドーンって吹っ飛んで、ここにドスッと落ちているんです。このあたりは

浦上教会。当日は残念ながら閉まっていた。

爆心地から五〇〇メートルほどで、爆風は風速六〇〇メートルもあったそうです。天主堂は大きく破壊され、その跡を広島の原爆ドームみたいに残そうという動きもあったようですが、教会や信者さんの「元の場所に新しい教会を」という気持ちに加え、アメリカのセントポール市との姉妹都市締結のために渡米した当時の市長が、帰国後なぜか急に「撤去派」となり、撤去されることになりました。

内田 なるほどね。原爆を落としたアメリカとしては教会が吹っ飛んでいる跡の絵柄がメディアで世界に配信されるのは嫌だったんでしょうね。

釈 先生がおっしゃるように、日本人のある世代にはアメリカへの強烈なアンビバレントな感情がありますよね。憎みながらも、どこかで愛しているみたいな。

内田 同化しないともう合流ができないんですよね。DV（ドメスティック・ヴァイオレンス）と同じですよ。これは愛なんだって思わないと耐えられない。横暴に耐えて、耐えて耐え抜く

旧浦上天主堂鐘楼。

ことによって、真の愛がそこで発現してくるんだっていう。日本は負け過ぎたんです。

釈　負け方が悪かった?

内田　もう少し負け方が穏やかだったら、臥薪嘗胆、「次は勝つ」という気持ちも持てたでしょうけれど、もうそんな言葉も出ないほどにボロボロに負けた。

釈　再び立ち上がるにはもう偏愛するしかなかったんですね。

内田　日本のアメリカに対するアンビバレントな感情って、社会心理学の教科書に出したいぐらいの典型的な症候ですよ。

釈　病理の一形態として。

内田　国民的な規模の病ですね。歴代の政治家が全員罹患してますから。

釈　以前も、日本が戦争に負けて失ったものって、みんなが考えている以上にとんでもなく大きいとおっしゃっていましたものね。アメリカへの愛憎は、いまの若い世代になると、また違うものになるんでしょうね。

内田 多分ね。やっぱり三代はかかるような気がしますね。

釈 そんなにかかりますか。それほど失ったものが大きかった。とことん打ちのめされたわけですね。

爆心地を歩く

内田 さて、浦上天主堂から少し歩きまして、爆心地に着いたようですね。

下妻 はい。あちらがその石碑です。

釈 名簿が入っているんですね。この名簿は、その後原爆症で亡くなった人の名前も書き加えられるんですか?

下妻 被爆者手帳を持っている方が亡くなったり、遺族からの申し出があると書き加えられます。名簿は毎年夏に必ず虫干しされるんですが、職員の方が床に並べて、一冊ずつバーッとめくって風を通すんです。地元のニュースで必ず放送されるのですが、これに限らず、暑くなってくると原爆関連のニュースや記事が増えてきて、あぁ、今年も夏だな……と思ってしまいます。

内田 原爆の受難者は七万人以上。

原爆落下中心碑。

下妻 死者が七万四〇〇〇人で、負傷者も同じくらいですが、それは直後の話です。それから何年ものあいだ、放射能の影響と思われる症状で、たくさんの方が亡くなっています。

釈 死者が七万四〇〇〇人ですからね。東日本大震災の四倍以上ですから、とんでもないですよ。

下妻 原爆はちょうどこの五〇〇メートル上空で爆発しました。

内田 上空ですか。

巡礼部 空中で爆発させると、モンロー効果といって、爆風が一回地面に反射して、より効率的に街を破壊できます。衝撃波が合成されて、さらに威力を増す。地面で爆発させると、地面を掘るのにエネルギーを使ってしまうから、あえて空中五二〇メートル、まあ一般に五〇〇メートルといわれていますけど、そこで炸裂させました。キノコ雲はすごく離れた場所でも見えたといいますね。福岡の久留米からも見えたそうです。

下妻 アメリカは、ほんとうは眼鏡橋などがあるもっと街の中心地に落としたかったらしいんですけど、雲がかかっていて浦上になったんです。もちろんあまり表には出ませんが、長崎の古い人たちには、原爆は長崎じゃなくて浦上に落ちたという言い方をする人がいます。いまでこそ被爆者は被害者で守られるべき存在という認識ですが、当時は長崎の中でも差別があって、「原爆はキリシタンの上に落ちた」という感覚の人がいたようです。

内田 痛ましい話ですね。

下妻 広島の原爆ドームはそのまま残したのに、長崎の浦上天主堂を残さなかったのは、いろんな事情が絡み合ってはいるのですが、落ちたのが浦上だったというのも、ひとつあるのかもしれません。

釈 偏見がいろんなところに見え隠れするんですね。

内田 長崎の旧市街と浦上の関係なんて我々にはわかりませんから。

釈 そうですね、ここまで来て説明を受けて、初めて実感できました。

内田 あれは何ですか？

被爆五十周年記念事業碑。

下妻 長崎の平和祈念像をつくった彫刻家・北村西望氏のお弟子さんの作品です。被爆五〇周年記念事業の像で、じつはこの中心に設置される予定だったんですが、それはちょっとあんまりだと市民の大反対が起こりまして、あそこに。

釈 マリア様のイメージなんですかね？

下妻 どうなんでしょう……？　私はあまり……。

釈 長崎の皆さんはあまり好意的に受けと

っていないと（笑）。

内田 ちょっとねえ、美術品としていかがなものかという感じ。なぜバラの付いたスカートなんでしょうね。

下妻 そもそも公園の中心にある平和祈念像も、嫌いというか、ずっと「なんで？」と思ってきました。モデルは力道山だともいわれています。力道山が悪いわけではないですが、なぜ戦いで傷ついた場所に、よりによってあんなマッチョなものを？という違和感があって。

内田 たしかに、ちょっと彫刻としては残念な作品ですよね。

釈 しかし、この公園はいたるところにキリスト教テイストの造形がありますね。

下妻 いろんな国から平和への願いを込めて彫刻や碑が送られてくるものですから。平和公園の真ん中に据えられているのが「あの像」ですからしょうがないんですけど……。

釈 善意と思いを込めてつくっても、造形がよくなるわけではありませんからね。

内田 うぅん、ちょっとどうかなと思うような造形が多いですね。こういう作り物じゃなくて、さっき見た浦上天主堂のレンガや鐘楼のほうが歴史の重さがずっと重たく伝わると思うけど。

釈 そうですね。

下妻 ただ、ひとつひっかかるのは、平和祈念像をつくった北村西望氏は、島原半島の南有馬出身なのですが、その生家は島原の乱の原城のすぐ近くです。今回は行けませんでしたが、一五七九年に南蛮船が入り、領主の有馬氏が受洗し、貿易やキリシタン文化が栄え、セミナリヨやコレジオといった教育機関もあった島原半島は、長崎のキリスト教を考える上でとても重要な土地です。その最大の事件は一六三七年に起こった島原の乱ですが、死者は三万七千人。原爆で亡くなった方の半数にあたる人たちが、小さなお城の中で全滅しました。多くがキリシタンだったにもかかわらず、「生活苦ゆえの農民一揆」という面も強いため、あの天草四郎でさえ公に「殉教者」とはみなされないそうです。長崎に負けず劣らずの信仰と生活があったのに、かたや殉教者として栄光に包まれ、かたや兵糧攻めで力尽きる……そこにいささかの無念さも生まれなかったとは思えません。原城跡からは、鉄砲の弾でつくったという小さな十字架も出土しています。かなり飛躍した想像ではありますが、制作者の出身地を思えば、あの、戦士的な風貌の平和祈念像を通して「私たちも信仰のために戦った」という彼らの声が聞こえてくるような気もするのです。

大浦天主堂と信徒告白

大浦天主堂とプチジャン神父（バスの中で）

下妻 これからいよいよ「信徒発見」の大浦天主堂へと向かいます。あ、どうぞ右手をごらんください。ちょうど稲佐山に陽が沈んでいます。「世界新三大夜景」というものがありまして、香港、モナコ、長崎が選ばれています。その夜景を眺める最もメジャーなスポットが、あの、テレビ塔が立っている稲佐山です。「世界三大」かどうかはともかく、山肌にびっしりと家が建っていますので、とても立体的で、生活の匂いのする夜景が広がっています。山と街が近いので、頂上の展望台からよーく見ると、大浦天主堂も見えるんですよ。夜も天主堂はライトアップされていますので、宝物を見つけるような気持ちになります。

大浦天主堂は居留地のフランス人のために建てられた教会で、フランス寺と呼ばれていたそうです。幕末、まだキリスト教が禁制だった頃に、フランスからプチジャン神父が来られました。禁教から二五〇年、キリシタンたちは迫害・追放され、表向きはもう長崎にはいないとされていましたが、神父は「ひょっとしたら……」をあきらめることなく、教会の見物を許したり、信者が声をかけやすいようにわざと馬から落ちて助けを求めたというエピソードがあります。

そして一八六五年、ひとりの日本人女性が神父のもとを訪れ、自分がキリスト教信者であることを告白します。それは非常に大きな驚きをもってヨーロッパにも伝わりました。これが宗教史上の奇跡とも称される「信徒発見」です。

プチジャン神父についてもう少しお話しますと、じつは彼がやってくるずっと昔、バスチャンさんという伝説的な日本人伝道士がいました。彼は長崎のキリシタンにとって、とても重要な予言を残しているんですね。それは「あなたたちは七代までは我が子とみなすが、それ以後は救済が難しくなる。しかし、その代わり、黒船に乗って司祭がやってきて、自由に信仰ができる世の中になるであろう」というものでした。隠れキリシタンの人たちはその予言を信じ、自分たちを救ってくれる神父を待ち続けたわけです。幕末の開港後、プチジャン神父以前にもキリスト教の指導者的な人は来ているのですが、妻帯者だったりすると、「あの人は本物じゃない、予言の神父さんとは違う」などと照らし合わせていたのです。

そして一八六四年にプチジャン神父が来られたとき、彼は妻もいないし、天主堂にはマリア像もあるらしいということで、信者たちはとても期待します。そしてついに翌年、ひとりの日本人……さきほど訪ねた浦上のキリシタンの女性が「あなたの胸の内と私たちの胸の内は同じです」と告白し、「マリア様の御像はどこ」とプチジャン神父に尋ねました。これが、信徒発見の瞬間です。そのときのマリア様がいまも大浦天主堂にあります。

聖地はスラム化する

釈 さて、バスを降りました。天主堂へはこの坂を登っていくんですね。何ともいえない雰囲気のある石畳です。

下妻 完全に観光地化していますが。私は「みやげ坂」と命名しています。

内田 でも我々はほら、熊野巡礼のときに那智大社で発見しましたよね。聖地は必ずスラム化する、と。

釈 そうなんです。そして問題はコアの部分。だいたい三層ぐらいになっていますよね。コアに本来の濃厚な宗教性があって、周りにそれを守ろうという人たちがいて、さらにその周りには観光客がいる。だから強い聖地の周辺は俗化する。それでバランスがとれている面もある。逆に言えば、コアが弱いと、周辺の世俗性に飲み込まれて、聖地として成り立たなくなることもある。

内田 観光も全部ダメになっちゃいます。

釈 だから、やはりコアの部分の聖地が肝腎です。

内田 ここはコアがしっかりしていますよ。だって観光部分に力が入っているもの。

釈　周辺の業者さんを見たらコアがわかりますね（笑）。

内田　もうパッと見たらわかります。門前町を見たらコアにあるものの霊的な格がわかる。

釈　もうすっかり聖地評論家状態になっていますね、我々。まあ、それにしてもこの繁栄も密かにキリスト教信仰を続けてきた人たちがいたからこそですね。

内田　そうですよ。それがなかったら、こんなにぎやかさもない。

釈　少し話を戻しますと、バスチャンの予言は「メシア信仰」の構造ですね。いつか本物の神父さんが来て救われるんだというストーリーに、生涯をかけた人々がいたのです。すごいことです。

内田　すごいですね。七代待てばやって来る、そう信じて二五〇年待ったんですからね。

釈　これは神の国の実現とパラレルです。このエピソードで、信仰の奇跡や神の国を実感する人も少なくないでしょうね。

下妻　さぁ着きました。こちらが大浦天主堂、国宝です。

内田　大きいなあ。立派だなあ。

釈　いままで見てきた教会とは、たたずまいがだいぶ違います。

下妻　中もとてもいいのでご覧くださいね。今度はちゃんと入れますよ。

「日本二十六聖殉教者天主堂」

釈 これが信徒発見のマリア様ですか。素晴らしい造形ですね。

内田 全世界で大きな話題を呼んだんですよね。

釈 二五〇年間隠れていたわけですからね。あちらに告解室があります。信徒側はボックスになってないタイプですね。

内田 ほんとだ。これだと周りの人に聞こえちゃいますね。昨日人を殺しましたとか。

大浦天主堂のマリア像。

釈 (笑)。部屋になっているタイプをよく見かけますが、こういうスタイルもあるんですねえ。

内田 しかし、内部も立派ですね。

釈 はい、建造物としてもとても魅力的です。天へとのびようとする、垂直志向の雰囲気を感じます。

内田 一八六五年だから元治二年完成ですか。幕末にこんなものをつくっているとはねえ。

大浦天主堂。

釈　ほんとうですよね。ひと口に幕末、キリシタン禁止、などと言っても、実際にはいろいろとグラデーションがあるのでしょうか。こういうことは、当該地へとやって来ないとわからない部分です。

下妻　この教会は、殉教の地である西坂の丘に向かって建っています。正式名称は日本二十六聖殉教者天主堂です。

内田　西坂に向かって、彼らを見よ、と。

下妻　はい。それを挟んで浦上のほうに隠れていた人たちが、西坂を通って大浦の天主堂に告白に来たのです。

内田　七代後に来るから信じてなさい、ってすごいですよ。身体性が依拠できる限界って百年なんです。子、孫の代まで。曾孫の代までこれを守れというような遺誡って、なかなか言えないです。

釈　生身の身体性を超えるほどの信仰なんですね。

下妻　隠れていた人たちにとって、すぐ近くに「殉教の現場」があったのは大きかったのではないでしょうか。先ほど記念館の方も、二十六聖人の強烈な殉教で長崎の人々の信仰がもっと強くなったとおっしゃっていましたが、あれがなかったら、なんとなくやめちゃった人が多かったかもしれません。現実化した理想をガーンと見てしまったので、それが支えになったのかな、と。

釈　この地のキリスト教は、殉教という事実があらゆる場面の深層を支えているのか。

下妻　仏教的には殉教ってどうですか。

釈　たとえば「経典を守るために身を捨てた」といったエピソードなどはあります。また、仏の供養のため、他者のためにわが身を捨てる「捨身」も知られています。現代のチベット僧たちによる抗議の焼身などは、殉教的な面もあるでしょう。しかし、キリスト教と比べれば、殉教という形態はあまり見られないと言えます。

内田　殉教は魂のほうが身体より上にあるということでしょう。

釈　身体よりも、信仰や理念が先立つ構図ですね。

内田　キリスト教は身体ベースじゃなくて、知性ベースの宗教ですよね。やはりどんなに信仰心があっても、拷問されたら「痛いからやめて」っていうほうが……。

釈　むしろ健全でしょうか（笑）。

内田 痛くないというのは、脳内幻想が痛覚を制御できているからですよね。だから、拷問というのは、脳内幻想がどこまで身体実感を制御できるのか、その限度を試しているわけです。だから、幻想が強烈であればあるほど、拷問は過激なものになる。

釈 キリシタンへの迫害の過程で次々と拷問のアイディアが出され、実行されていきました。日本の歴史上においても、特殊な出来事だったと言えるでしょう。

内田 日本にも律令時代から「笞杖徒流死」の五種類の刑はありましたが、死刑は実際にはほとんど実行されなかったそうです。さすがに戦国時代になると、ずいぶん荒っぽくなってきますけど、それでも拷問というのは日本にはあまり習慣として定着しなかったんじゃないでしょうか。江戸時代にも拷問はありますけれど、それはたぶん拷問が有効だったからですよ。痛め付けるとすぐに白状したから拷問した。でも、殉教における拷問て、そういう実利性とは無縁なものでしょう。拷問すれば簡単に棄教するから「これは都合がよい」というので拷問が採用されたというより、いくら拷問しても棄教しないから、拷問がより異常なものにエスカレートしていった。

下妻 島原半島の、二〇年くらい前にも噴火した普賢岳のある雲仙には、ゴポゴポ熱湯が湧く地獄があるんですけど、そこに連れて行って、刀で切った傷に熱湯をザーッみたいな。でも、むしろそれを喜ぶみたいな……。

内田 それもみな脳の作用なんです。『痛みの文化史』という本があって、身体的な痛みというのは文化的な現象だと書いてあります。ある種の政治イデオロギーの信奉者や宗教的熱狂状態にある人は、高揚感でほんとうに痛みを感じないらしい。キリスト教でも〝痙攣派〟という異端がありますけれど、この信者たちは、自分で自分の体に鞭を打ったり、切り刻んだり、焼き鏝を当てたりとか。そういう壮絶な行を集団的に行った。

フィジカルな痛みは克服可能

釈　映画『ダ・ヴィンチ・コード』でもそのような場面が描かれていましたね。イスラムのシーア派の祭「アシュラ」なども、自らの身体を鞭打ったり、傷つけたりします。私は宗教的マゾヒズムと呼んでいますが。

内田　棄教することがもたらす想像的な痛みの方が、現実の身体的な痛みを圧倒すれば、論理的には、現実の痛みはそれほど痛くなくなる。たとえば、ライオンに追われて走って逃げ続けているとすると、どんどん心肺機能に過重な負担がかかり、足の筋肉も痛くなってくる。でも、止まるわけにはゆかない。それは、ライオンに追いつかれて食べられる想像上の痛みの方が今経験している身体的な痛みよりも圧倒的に大きいからですよね。このときの「ライオンに食べられる痛み」って、まだ現実化してない、想像的な痛みです。でも、それでも人間は心臓がちぎれるほど走る。だから、棄教したせいで地獄で業火に焼かれている自分の苦しみを想像的に実感できた人にとっては、現実の拷問の痛みは相対的には緩和される。そういうことって、あるんじゃないでしょうか。

下妻 前にもお話ししましたが、長崎の町中では何度も「聖行列」がありました。特に激しかったのは一六一四年。教会も壊されるとあって、千人、万人単位の人たちが自らを縛り、鞭を打ち合い、血をだらだら流しながら町中歩いて回るのですが、やっている人も、それを見て拝んでいる人もどちらも歓喜のなかにある。エスカレートしすぎて死んじゃう人もいたようで、宣教師から「死ぬまで激しくやらないよう」というお達しまで出たそうです。

内田 フランス革命のとき、ナポレオン軍の義勇兵はヨーロッパに敵がいないほど強かったそうです。戦う相手は傭兵ですから、別にそれほどの忠誠心があるわけじゃない。クールかつ合理的に戦闘を行い、損耗率があるレベルに達したら自動的に白旗を出す。それ以上戦い続けても、組織的な抗戦ができずにただ緩慢に全滅するだけですから、そんな無意味な戦闘はしない。でも、ナポレオン軍はどんな劣勢になっても戦い止めなかった。大怪我して後方に搬送された将校が、足を切断された後、そのまま手術台から馬に乗って戦場に戻ったという逸話があります。「ショーヴィズム（狂信的国粋主義）」という政治用語の語源になったアンリ・ショーヴァンというのはナポレオン軍の兵士だったそうですが、戦況が不利になって、司令官がじゃあそろそろ白旗を出そうかとしたときに、それを遮って「ナポレオン軍に敗北はない。最後の一兵まで戦う」と獅子吼したそうです。損耗率100パーセントまで戦い続けることに意義があるということを言い出したのは近代ではこの人が最初だとされています。

政治的大義のために死傷する苦しみと、降伏することがもたらす苦しみを比べて、大義に殉じる方が「気分がいい」という判断をする人が出て来たことで、政治史の潮目が変わった。政治的あるいは宗教的な熱狂がフィジカルな痛みを緩和するということについては、歴史に無数の事例があります。でも、それに類するものを僕は日本の歴史には見出しがたいんです。日本の宗教性って、天上にじゃなくて、地面に繋がるものだからじゃないかなって気がするんです。日本的霊性って、足裏で大地を踏みしめて、そこから「大地の霊」をぐいぐいと吸い上げて、その自然的なエネルギーが全身を充たすものでしょう。だから、身体的感受性を鈍麻させるということにはあまり向かわなかったんじゃないかな。千日回峰行とか、滝行のような荒行でも、自然との繋がりを強めることで、壊れやすい身体を「不壊の身体」に作り替えるというプログラムであって、キリスト教の〝痙攣派〟的な苦行とはずいぶん手触りが違うような気がしますけど。

釈　ひとつは、やってきたのが修道会の人たちっていうのもあったかもしれません。もう少し生活に密着したようなキリスト教だと、そこまで殉教に傾斜しないような気がするんですけど。指導している修道会が身体性を軽視するようなタイプだったのかな。

内田　イエズス会は身体を軽視する傾向はあまりなかったと思うんです。元々あそこは騎士たちが創設した軍隊的な修道会ですから。軍人なら身体については合理的な発想をしたはずなんです。人間の身体がどれぐらい脆いかと、どこをどうすれば壊れるとか、あるいはどうやったら強くなるか、そういうことは経験知として蓄積してきたはずです。ですから、わりと身体性に理解の深い修道会だったんじゃないですかね。

下妻 でも、その当時の信仰に入った日本人がそれを受け入れたのはなぜでしょう？

釈 宗教的パッションは伝染しますからね。連鎖反応が起こります。信仰に身を捧げた人物がひとり出ると、そこに宣教師たちが意味づけをしていき、どんどん「連鎖」が起こっていく。

内田 殉教することで列聖されて、末永く人々の崇敬の対象となるっていう想像はたぶん強烈な快感をもたらすものなんでしょうね。

釈 それと、強力な来世のリアリティですね。ヘタすると現世よりリアルになることもある。信仰の世界に没入すると、社会のすべてが無価値に見えてしまいます。

自分を愛するということ

下妻 殉教に話を戻すと、長崎の人は、それがある種の独特の、何か後ろめたい……。

釈 殉教によって、ここで暮らす人々が後ろめたくなる？

下妻 殉教できなかった敗北感や挫折感みたいなものが、この土地の心の底のほうにしみ込んでいる気がします。

釈 とすれば、罪の問題が大きなテーマであるキリスト教にとって、言葉は悪いですが、有効な装置になっているのでしょうね。殉教できなかった者が負い目を課せられる。そして、さらに真面目なクリスチャンが生まれる。殉教とは、殉教できなかった人にこそ、大きな意味がある。それにしても、一歩間違えたら自分は転ぶかも、という負い目をずっと抱えながら生きるって、かなり屈折した生き方です。また、そういう生き方は案外キリスト教のお得意とするところなのかもしれません。

内田 僕が勤めていた神戸女学院大学の標語は「愛神愛隣」なんです。「あなたの主である神を愛しなさい。あなたの隣人をあなた自身と同じように愛しなさい」。その標語を長く聞かされてきているうちに、ふと思ったんですが、「あなた自身のようにあなたの隣人を愛しなさい」っていうけれど、「あなた自身を愛する」とはどういうことなのか。自分自身を愛することとなんか、誰にでも簡単にできるかのようにみんな思っているし、聖書の中にもどうやったら自分自身を愛せるようになるかなんてどこにも書かれていないけれど、実際には自分自身を愛することとって、そんなに簡単な話じゃないでしょ。もしかすると、キリスト教にはある「巨大な言い落とし」があって、それは「自分を愛する」とはどういうことかについて何も教えていないことじゃないかなと、あるときふっと思ったんですよ。神を愛すること、隣人を愛すること、寡婦孤児異邦人を愛することについては繰り返し言及されているのに、そのモデルとなるはずの「自分を愛すること」については何も教えていない。当たり前過ぎて言及するに及ばないということなんでしょうけれど、僕はちょっとひっかかったんです。

僕たちは自分を愛する仕方というのを、誰にも習わないうちから熟知していて、自分を愛する仕方を間違えることなんてありえないというのは真実なのか。
「身体髪膚《しんたいはっぷ》これを父母に受くあえて毀傷《きしょう》せざるは孝の始めなり」と『孝教』にはあります。東洋的な発想からすれば、「孝の始め」はまず自分の身体を大切にすることであって、自分の身体をできるだけ傷つけないように保持する。でも、身体保全の原理は、殉教と矛盾する。だから、身体髪膚を「与えられたもの」だとは考えないで、自分の所有物だと思う。所有物だから、どんな乱暴な扱い方をしても構わない。自分の政治的信念や宗教的信条を物質化するために、身体を「利用する」のは当たり前のことだ、と。だから、もしかするとキリスト教が「自分自身を愛する」ということをあまり強調しないのは、そのことのうちに「身体をたいせつに扱う」ということが含まれていると、いろいろ面倒なことになるからではないか。自分の身体を大切に扱うことなんか、誰でもできるごくごく凡庸な行為で、自分の身体を慈しむ者はむしろ利己心とか生理的欲求に屈服しているのだ、と。そういう発想があるような気がしたんです。だって、「身体髪膚」をたいせつにしたら殉教なんか出来ないじゃないですか。

釈 そう考えるとキリスト教は最初期から殉教への回路が開いていたことになりますね。

内田 身体軽視はユダヤ教からキリスト教が分離するときのたぶんいちばん大きな切断線じゃないかと思うんです。現に、パウロのユダヤ教批判は、「ユダヤ人は身体に捉われている」

という点が中心ですから。人は信仰によって義とされるのであって、律法を守ることによってではないと繰り返し書いてある。でも、ユダヤ教では日々守るべき祭祀儀礼や食事や服装についても詳細な規定がある。自分の身体をていねいに扱って、栄養状態もよく管理して、身体を気分よく使える状態に保全しておかないと、こういう煩瑣で具体的な儀礼は守れない。でも、キリスト教の場合は、心の中にほんとうの信仰があれば、外形的な戒律や儀礼はどうでもいいとされる。でも、この身体性についての「しばり」の差が、ユダヤ教とキリスト教を切断している重要な要素じゃないかと僕は思いますけど。

釈　キリスト教は、ユダヤ教の旺盛な身体性のカウンターとして誕生した経緯があって、反身体性・内面重視へと傾斜したのでは。

内田　だから養老先生の言葉を借りて言えば、キリスト教はより「脳化」された宗教だということになりますね。

釈　プロテスタントともなれば一層脳化傾向が強くなります。キリスト教文化圏が近代を生み出すのもゆえなきことではありませんね。

内田　だから、人間社会が「脳化」するにつれて、キリスト教はそれに適合してゆく。近代化・都市化・産業化という趨勢とキリスト教は多分相性がいいんです。

柴田錬三郎の造形した眠狂四郎って「転びバテレン」の子ども、オランダ人宣教師と日本の娘とのハーフという設定なんです。だから、だから、狂四郎は敬虔なキリスト教徒がどうして棄教するのか、その心理的なメカニズムをなんとか解明したいと思っている。自分の出生にかかわることですからね。それで、『眠狂四郎』のシリーズの中に、「お兄さんの命を助けたければ宣教師を色仕掛けで転ばせろ」というミッションが女の子に与えられるという話がある。

釈　そんな話だったんですか、『眠狂四郎』って。知らなかった。

日本をとらえ損ねた宣教師

内田　いろいろあるんですよ。で、監獄でひとりお祈りしている宣教師のところに、美食や美酒とともに、その美女が放り込まれる。「お前がこの女を抱いて飯食って酒飲んでくれたら、すぐに無罪放免してやる」と監獄の役人たちが言う。つまり、自分の身体の生理的欲求に屈服しさえすれば、許してやる、と。映画では、そのバテレンの人はあっという間に転んじゃうわけです（笑）。藤村志保がその誘惑する娘役なんですけれど、男が抱きついてくると、はははと高らかに笑う。キリスト教徒が身体性の価値を認めたら無罪放免にしてやるという日本の役人の目の付け所がなかなか深いです。

釈　そういう意味では、宣教師たちは日本人を捉え損ねていた部分があったのかもしれないですね。宣教師たちは、武士には名誉のために死ぬ文化があるので、やすやすと殉教してしまうのではないか、という議論をしています。ところが内田先生がおっしゃられたように、武士はかなりアーシーな身体性をもった人たちです。ですから、けっして脳化した信仰で死んでいくのではない。

内田 武士道も身体性と忠君イデオロギーの奇妙なアマルガムですから、もしかすると武士道とイエズス会のマッチョな信仰とは、意外に相性がよかったのかも知れないですね。

釈 なるほど。ではキリシタンも系統別に分けて考えないといけませんね。

内田 ルイス・フロイスの日本文化論での、フロイスの武士に対する評価は高いですよ。ほめちぎっている。フロイスはイエズス会士ですから。

釈 イエズス会の成り立ちには、「兵士と信仰」といった特性があります。そこと重なるのでしょうか。

内田 軍人なら、自分の身体をていねいに扱い、その潜在可能性を根気よく開発するのは当然のことです。でも、そうやって努力して作り上げた身体を信仰のためにはためらわず捨てなければならない。その葛藤というか、身体を重んじかつ軽んじるという辺りの機微において、武士道とイエズス会の間には何かしら共通したものがあったんじゃないかな。

釈 結果的には、イエズス会が世界最大の修道士会になる。他方、前衛的なフランシスコ会とかベネディクト会とかドミニコ会は比較的規模が小さい。

内田 イエズス会がキリスト教の修道会としてはきわだって身体性が強いところだったということなんでしょうね。海外布教してゆく先々で、それぞれの土地が持っている土着的な作法や心性に出会い、その中に固有の人間的価値を認めた。フロイスの『ヨーロッパ文化と日本文化』を読むと、ヨーロッパではこうだが、日本ではこうだ、というふうに並列的・同格的に記述してあって、一方が正しくて他方が間違っている、一方が文明で他方が未開であるという書き方はしていません。マテオ・リッチも中国布教のときには、中国人の祖霊崇拝を受け容れましたしね。

釈　いずれにしても、奇跡のような信徒告白まで二百五十年。地下水脈のごとく途切れずにいた信仰は、やはり殉教した人への負い目が支えた部分は大きいと思います。宗教というのは弾圧や迫害をしてもなくなりませんから。その教えに沿って生きぬいた人、その教えに殉じた人がいるという事実は、とても重いものがあります。死者との約束を破るわけにはいかない。そんな思い・信仰はかなり強力です。殉教という行為がもたらす影響をあらためて痛感しますね。

講和と対談——宿にて

日本の比較宗教論

釈　皆さん、おつかれさまでした。聖地巡礼で私は毎回法話をしているのですが、今回は仏教に関連する場所をたずねたわけではないので、法話ではなく、日本オリジナルの比較宗教論についてお話をしようと思います。というのは、今回の巡礼テーマであるキリシタンは、日本独特のキリスト教という側面を持っていますから。

宗教というのは、世界のはじまりから終わりまで、前世から来世まで、すべてを語ろうとします。宗教は生と死に意味づけをする体系なのです。そこには反証可能性がありません。「私にとっての真実」に反論できないんです。すなわち、宗教は科学と別の回路を開いているんです。そういう特性を持った宗教を「比較する」ことは、非宗教的な態度かもしれません。しかし、比較するからこそ見えるものがあることも確かです。

比較宗教論は一九世紀末からヨーロッパで盛んになります。マックス・ミュラー*17という学者がインドの神話を研究して、ヨーロッパ宗教と比較検討しました。神話学者のジェームズ・フレイザー*18も研究を行ないました。じつは近代とはキリスト教を相対化するプロセスにおいて生み出されたという背景があります。

日本でもいろんな人が比較宗教論を展開しています。本来、比較宗教論は、宗論や神学とはちょっと違います。自分の宗教の正当性を主張するために論議を戦わすものではなく、両方の宗教を見比べるわけです。まあ、護教論になってしまう場合も少なくないのですが、それも含めてお話しします。

とにかく、今回取り上げる三名はたいへんユニークな論を展開しています。

スーパースター、空海

最初は空海です。『三教指帰《さんごうしいき》』という書物を記しています。なんとこれを書いたのは二十四歳。三教とは、儒教・道教・仏教の三つですね。『三教指帰』とは、この三つがどの方向を向いて、どこに帰着点があるかという意味です。

空海はこの本を華麗な四六騈儷体で書いています。空海は日本仏教史上最大のスーパースターでしょう。全国に空海が見つけたといわれる水源が千数百もあって、実際にはとてもひとりの人間ができることではないのですが、何か奇跡が起こると「空海さんならあり得る」と人々に思わせるほどの人物なのです。

『三教指帰』には五人の登場人物が出てきます。まずは家の主人である兎角公《とかくこう》。その甥でやくざ者の蛭牙公子。この二人のもとに儒家の亀毛《きもう》先生、道教の虚亡隠士《きょぶいんし》、そして仏教者の仮名乞児《かめいこつじ》の三人が順番に現れる物語仕立てとなっています。

登場人物の名は兎の角、蛭の牙、あるいは亀の毛ですから、いずれも存在しないものです。我々はこの世にないものにとらわれているという喩えで、仏教ではよく使われます。その三つが登場人物の名前になっているわけです。

『三教指帰』は上中下巻に別れて、三幕仕立てのドラマとして成り立っています。上巻では、兎角公の屋敷に儒学者の亀毛先生が来て、二人で仲良く飲み食いをしているんですが、そのうちに兎角公が、「実はうちの甥がほんとうにダメなやくざ者なんだ。とにかく意見してもらえないか」とお願いします。先生は「いやいや、私にそんなことはできませんよ」と断るんですが、結局、「じゃあ少しお話させてもらいましょう」と引き受ける。

そこにやくざ者の蛭牙公子が帰ってくる。先生は彼に孝の道を説きます。立身出世して親孝行するのが人の道だという話をしたら、蛭牙公子はたいへん感動する。そればかりが兎角公自身も「いいお話を聞かせていただきました。私もこれからそうやって生きていきます」といって上巻が終わります。

中巻では、今度は道教の虚亡隠士が現れます。髪の毛ぼうぼうで、格好もボロボロ。「立身出世して世俗の栄誉を得ることが一体何になる？　空しいだけじゃないか」というんです。道教の理想である無為自然、仙人のように生きる道を説くわけです。すると、亀毛先生を含めて三人が感動して、我々は全員儒教を捨てて道教に帰依し、教えを実践して生きていきますと決心する。

ところが下巻になると、仮名乞児という人物が出てきて語ります。「君たちは仏教を誤解している。出家というと家を捨て家族を捨て、親不孝な道のように思うが、智慧と慈悲の道は真に人々を救う」。そうしたら全員がまた涙を流して感動し、仏教に帰依する。

この仮名乞児は、空海自身が投影されています。空海という人は一時期隠遁者のようになり、空と海しか見ない生活を続けたので「空海」になったといわれていますが、結局世俗に戻って人々の中に入り込んで仏道を歩みました。

儒教のように世俗どっぷりではなく、また道教のように世俗から完全に離れるのでもなく、世俗のなかで志を持ち、モノゴトの本質を求めながら、慈悲の実践で生きていくのが仏教である。そんな話になって、『三教指帰』は最後に仏教を讃える歌で終わっております。

そんなわけで完全に仏教の護教論なんですが、重要なのは三つの宗教それぞれが固有の特徴を持っていることを見抜く目です。空海はやはり大したものです。見事にそれぞれを把握し、特徴を抽出して目の前に置く。その上で、私はこの道を選ぶという覚悟が語られる。自らの立脚点を明確にする比較宗教論であるとも言えます。

不干斎ハビアン

二番目にご紹介したいのが、世界に先駆けて比較宗教論を展開した不干斎ハビアンという日本人です。

クリスチャンで評論家の山本七平は、「キリスト教は韓国では成功しているのに、なぜ、日本ではうまくいかないのか」と尋ねられたら「不干斎ハビアンを勉強しろ」と言ったそうです。つまり、山本はここに日本教の原型を見ていたわけです。

ハビアンは一五六五年生まれで、もともと臨済宗の禅僧です。恵春という名前で大徳寺で修業をし、何があったのかはわかりませんが、禅宗を捨ててキリスト教に帰依し、キリシタンのエースとなります。とにかくここいちばんの説教には必ず呼ばれたそうです。並み居る仏僧たちをことごとく論破し、唸らせて帰らせたとの記録があります。ハビアンはイエズス会でしたが競合するドミニコ会やフランシスコ会の神父たちもその説教を絶賛したとのことです。

彼が四〇歳のときに書いた『妙貞問答』は、日本人キリシタンのテキストとして使われたのでしょう。上中下の三巻に別れていて、上巻が仏教批判、中巻が儒教・道教・神道批判、下巻がキリシタンの教えについて記したものです。

この本は妙秀と幽貞という二人の尼僧の対話という形式で書かれていますが、仏教、神道、儒教、道教、キリスト教と、当時の人々の視界に入る宗教をことごとく語り尽くします。それがとても論理的で体系立って述べられている。上巻・中巻でキリスト教以外の各宗教を全部批判し、下巻でキリスト教以外に救いはないという立論になっています。

ところが彼は四三歳のとき、突然ある修道女と共に駆け落ちしてキリスト教を棄教します。イエズス会は必死に後を追ったようですが、わからずじまい。その後、突然長崎に現れ、死ぬ直前に『破提宇子《はだいうす》』というキリスト教の批判書を書いています。『破提宇子』では、『妙貞問答』の下巻とほぼ同じ理屈で真逆の結論に達している。立論の材料はほとんど変わっていないのに、『破提宇子』では、だからキリスト教には救いはないんだ、という逆の結論へと導いている。実におもしろい。

ただ、多くの論者はこの点を、「ハビアンは結局は深い理解に達することができなかったのだろう」ととらえています。だって『破提宇子』は『妙貞問答』と比べても深まりもないし、材料的にもまったく一緒。『妙貞問答』は素晴らしい信仰の書だけれども、『破提宇子』はちょっと読むに耐えない駄作だと評する人もいます。

けれど、もしこの『破提宇子』を意図的に『妙貞問答』の下巻と同じ材料を使って書いたとしたらどうでしょう。あえて同じ論法を使って正反対の結論を導いたとしたら。彼は以前の自分の立場のケリをつけようとしたとは考えられないでしょうか。実際に

『破提宇子』を読むと、ものすごいスピードで書いたことがわかります。『妙貞問答』の下巻と同じ理論を使ってキリスト教批判をすることで、彼は結果的に宗教すべてを否定する立場に立つことになります。

何があってキリスト教を捨てたのかよくわからないのですが、私は彼が子ども時代から身に付けてきた禅の体質があったんじゃないかと思っています。

とくに彼が学んだ臨済宗は、意図的に何重にもバインドをかけて、バーンとブレイクするようなトレーニングをします。彼は女性関係や人間関係にすごく問題を抱えていて、外国人宣教師の悪口などもずいぶん書いている。教会内に不満もあったと思いますし、何重にも拘束された中をブレイクする一歩が彼にとっては棄教だったのかもしれません。そうした瞬発力の源泉は、やっぱり幼い頃に培った禅にあるのではないか。

ただ、ハビアンのような人物はキリスト教なしでは生まれなかったとも思います。キリスト教がもたらした新しい生命観や世界観を戦略的な伝道技法。さらには科学の知見があってこそ登場した人物です。

富永仲基の加上論、傾向論、言語論

さて、最後は富永仲基です。彼は大阪の醤油醸造屋に生まれ、懐徳堂で学んでいます。ご存知の方もおられるかもしれませんが、懐徳堂は江戸時代に大阪の商人たちがお金を出し合い、自分の子どもたちを教育する場としてつくった学校です。自主運営の気風の高い学校で、草間直方《くさまなおかた》や山片蟠桃《やまがたばんとう》といった多くの鬼才を輩出しました。

仲基は、学校と折りが合わなかったのか、懐徳堂を途中でやめて池田という町で暮らしはじめます。そして三〇歳で『出定後語《しゅつじょうごご》』と『翁の文』を出し、三一歳で逝去。

彼は『出定後語』で加上論を展開しています。これはいまなお光を失っておりません。近代の日本の仏教研究を先取りしたような論です。

あらゆる思想は、何らかの前提があって、そこに上書きされている。だからひとつの思想だけを学ぶとその正体はわからないので、前提をちゃんと学ばなくちゃいけないというのが加上論です。それまで、仏教の経典はすべて釈迦が説いたとしていました。しかし、そうすると、どうしてもつじつまが合わないところが出てきます。そこで、理屈を合わせるためにたくさんの教義が生まれました。しかし、仲基は、仏典を精査することで「仏典には成立年代の違いがあって、長い間かかって変遷してきた」と喝破したのです。

『出定後語』は三〇歳のときに書きましたが、「一〇年前にこの理論はすでにできていた」と本に書いています。つまり二〇歳のときには加上論は完成していた。そうなるとニーチェ以上の早熟の天才です。

また仲基は傾向論も構築しています。これは比較文化論的な考え方で、たとえばインドの言説はどうしても神秘主義傾向にある。中国でも日本でも、言説にそれぞれの傾向がある。それを見ていかないと思想は読み解けないというものです。

言語論については、「言に三物あり」といい、言語は語っている流れの体系である部派、時代背景、用法の三つによって変わる。だから語っている人の立場や時代背景を考慮しないと、その人のいおうとしている本質は理解できないと分析します。

このように一切のドグマを避けて、宗教的価値をカッコに入れて、徹底的に宗教を分析する手法を、ごく普通の醤油屋の息子が生み出します。富永仲基は仏教を信仰せずに仏教言説の内実に迫りました。ずっと忘れられていた人物でしたが、近代になって内藤《ないとう》湖南《こなん》などが再発見しました。

ロゴスとパトス

今日の巡礼で我々は主にカトリックを見てきました。カトリックの持つ文化と長崎の風土はとても興味深いものがあったと思います。キリスト教は絶対的な軸を持つがゆえに、相対化するのにとても苦労した宗教です。キリスト教をいかに相対化するかが近代を生む原動力になった面があると思います。

日本の場合は安土桃山時代あたりですでに相当高度な比較宗教論ができ上がっている。これは大きな特徴ですし、ヨーロッパに比べると二五〇年ぐらい先を行っています。キリスト教批判を行なったフォイエルバッハに先立つこと二〇〇年以上前に不干斎ハビアンが出て、「神は人間の欲望の投影だ」っていっている。大したものです。ハビアンと仲基はすごくロゴスティックなんですよ。しかし、時には苦悩やためらいも見せます。それが彼らの宗教的情念、パトスの部分です。

「ハビアンは宗教者ではなく単なる社会科学者で、結局信仰を持てなかった」と評する人も多いんですが、私はそうは思えません。少なくともその都度、真剣に体系をたどっていますから。仏教、キリスト教をたどり、最後はあらゆる宗教を否定するという宗教性を発揮した、そういう人だと思います。

宗教を考える際にはやはりロゴスとパトスの両面を見ていくべきだと思います。ハビアンにしても、仲基にしても、ちらちらと垣間見えるパトスを取りこぼさないで拾っていく。そんな読み方がいいと思います。

さて、我々は明日も長崎の聖地を巡っていきますが、土地をたずねる場合はロゴスとパトスに加え、信仰や宗教体系が生み出した土地の生活様式や習慣であるエトス、さらに場が持つ力であるトポス。この四つをバランス良く感じ取っていただきたいと思いますし、それが聖地巡礼の基本姿勢ではないかと考えております。

人間と土地はシンクロしている

釈　それでは今日の巡礼を振り返りたいと思います。最初は春徳寺さんに行きました。お寺ですが、かつて長崎初の教会であるトードス・オス・サントス教会が建っていた場所で、裏側にはとても気持ちのいい墓地もありました。あそこに宗教的な場が設けられるのは、さもありなんというたたずまいがありましたね。

内田　宗教地政学にのっとった場所とでもいいましょうか。風水的にも素晴らしいロケーションでしたね。あそこには龍脈があって、その最後の突端、龍の頭の部分が春徳寺です。あれほどダイナミックな風水は珍しい。見た人が「ここだ」と感じて、お城をつくったり、教会やお寺をつくったりするのは当然でしょうね。

釈　東洋医学では古来、身体のエネルギーラインを大事にしてきました。たとえば右肘が痛い場合に、左肘に刺激を与えることで治すような身体の「流れ」を診ていく。もちろん東洋では土地も流れで見ていった。

内田　人間の身体は土地とシンクロしています。たとえば大気圧だって、空気の組成も圧も同じでどこも変わらないと思っているでしょうけれど、じつはかなり違う。高度、風の通り、地磁気、空間密度などの条件が変われば、空気だって変わる。立体的な「空間地図」のようなものがあって、生命体はそれを感知して、それをガイドにして空間移動する。引き寄せられる場所もあれば、迂回したい場所もある。春徳寺は、向こうの山から気がぐっと流れて来て、あそこで弾けて、その気の流れが港の岬の突端まで一気に下っていました。強い龍脈が流れていることは、ある程度身体的な感受性がある人なら誰でも感じるはずです。

釈 墓地もなかなかすごかったですね。

内田 いくつかの宗教性が混交していましたけれど、南方系の宗教性が濃いように思いました。あの東海さんのお墓は中国の南の方、福建省あたりから来た感じがしました。（※下妻：東海家のルーツは、もう少し北の江蘇省あたりと言われています）

釈 やはり海上の道を通って来た。

内田 あれは海民の宗教性でしょうね。海の近くに墓所を作り守護神を祀るのは、海民の伝統ですから。遠くの海から見える場所に大きなランドマークをつくることは、航海上の利便性からも重要ですからね。

釈 それにしても海民ってほんとうに移動範囲が広い。海沿いを移動する人たちの水際の文化というのは、内陸部とは少し違いますよね。

内田 海でつながっていますからね。

キリスト教の特徴

釈 友人・知人に高知の女性が何人かいます。それで高知の女の人のイメージというのが僕

対談風景。

のなかにはあります。先日、漫画家の西原理恵子さんと会ったら、「うわ、まさに高知の女の人」っていう感じでしたね。

一方、私のゼミ生の実家がお寺で、千葉県の外房にあるんです。先日そのお寺へ行く機会があったのですが、そこに集まっている女の人たちのおしゃべりがまさに高知の女の人たちの感じなんです。海沿いの文化はつながっているなと思いました。長崎の女性はどうなんでしょう（笑）。海岸沿いは、やはり共通しているのかな。

内田 西へ向かえばあっという間に中国ですしね。

釈 そうか、もっと大陸的かも。お墓の次に我々は長崎の岬を先端に向かって歩きました。

内田 道が良かったですね。

釈　いくつかキリシタンの跡地も回りましたけれども、印象深かったのはミゼリコルディア本部跡。あの時代に今日的な福祉施設が運営されていた。やはりキリスト教文化ですね。迫害のなかでも、あそこだけは幕府に認められてほかより長く残ったという話がありましたが、キリスト教には、社会活動と伝道とをセットで展開する性格があります。

ところで今回の巡礼は「信じる」がテーマのひとつでしたが、信仰と布教はセットなのかといえば、意外にそうでもない。そうじゃない宗教もたくさんある。

内田　ユダヤ教は伝道しませんしね。

釈　イスラムもですね。仏教もじつは本来はあんまり伝道に熱心なほうじゃないんです。そう考えると、これはやっぱりキリスト教の特性だと思うんです。人類史上これほど伝道に情念を燃やした宗教は他に見当たりません。

内田　そうですね。

釈　神の愛を知り、隣人への愛を実践するという「愛の二軸構造」がキリスト教の社会福祉の推進力となってきました。その一方で準備福音（伝道の前段階）として社会福祉や科学技術を戦略的に活用してきました。まずは自分たちの持っている知識や技術で人々を誘導し、次に信仰へとつなげていく。

内田　明の布教がそうでしたね。イエズス会の布教活動は、まず科学技術からはじめる。マテオ・リッチの中国布教はザビエルの日本布教より半世紀後ですけれど、明では短期間に、皇帝から宮中数千人が一気にキリスト教に改宗しましたから。まず科学技術から入っていって、進取の気性に富んだ知識人層を味方につける、というのは賢いですね。

もう一つは戦国時代の日本の農民は、慈悲というようなものに触れる機会がほとんどなかったことがあると思います。弱者に対して手を差し伸べることを自分の社会的責務と考えるような人々は制度的には存在しなかった。もちろん、共同体内部では相互扶助のネットワークは機能していても、共同体外の人、異邦人やノマドを受け容れて、食事を与え、住まいを提供するということを義務と考えることは日本には思想としても、生活習慣としてもなかったと思います。荒野からやってきた見知らぬ人をわが幕屋に受け容れて歓待するというのは遊牧民の文化ですからね。

釈　なるほど。

内田　仏教徒たちはある時期までは慈悲のための集団的実践をしていたんじゃないですか。

釈　療病院や悲田院を設けた四天王寺。叡尊や忍性の社会活動、さらには時衆の集団など、弱者やマイノリティへの関わりはあります。ただ、やはり仏教はキリスト教ほど他者とかかわる宗教ではありませんからね。

内田　日本の仏教はどの宗教も出発点においては民衆に近いけれど、教団組織が整ってある程度以上大きくなると、しだいに民衆と乖離して、高僧たちは特権階級を形成してしまう。戦国末期にキリスト教が入ってきた頃の日本の仏教は、どの宗派も民衆との距離がかなり大きかったんじゃないですか。

釈 大きなお寺や教団の法主は、城主か大名みたいになりますから。

内田 石山本願寺なんかは城塞化してましたし。

釈 貧しい民衆と泥にまみれて一緒に泣く宗教者は数少なかった。

内田 今日のテーマのコンパッションですよね。

釈 キリスト教がその役目の一端を担った。

内田 とくに長崎の島原や天草って、もともと非常に貧しくて、かつ歴代領主の苛斂誅求《かれんちゅうきゅう》に苦しめられていた。誰も彼らに慈悲の手をさしのべないところに、ポルトガル人の宣教師たちがやってきて手を差し伸べる。そういう個人的な慈悲の実践によって爆発的に信徒を獲得したっていう説明は頷ける気がしますね。

釈 そう思います。当時、日本の人口が一〇〇〇万から一二〇〇〇万で、四〇万人以上のクリスチャンがいたわけですから、もういまの割合より断然多い。

内田 今だと四〇〇〇万人くらいになる計算ですね。

釈 いまの四倍ぐらいのクリスチャンがいたということになりますよね。

今日は、長崎のあちこちでキリシタン迫害の跡を見てとても悲しかったです。しかし、帰り際にある教会から信者さんたちが現れるのを見て、「ああ、いまも信仰がしっかり生きてるんや」と思ってホッとしました。

内田 長崎が日本で最もカトリック人口が多いそうですけれど、それは二五〇年前に身内から殉教者を出したことを、地場の人々がおのれの実存にかかわる出来事としてとして受け止めた歴史的経験の影響だと思います。自分と同じふつうの信者が、命を懸けて信仰を守った。果たして自分は殉教できるか、そういう切迫した問いを自分に向けざるを得なかった。そういう宗教的緊張感が長崎人の心性の深いところにしみ込んで、伝わっているんじゃないでしょうか。

●「岬は森に返すべきです」

釈 その後、我々は岬の道を通り、突き当たりの交差点にある県庁まで歩きました。

内田 美しい宗教的な雰囲気がずっと続いてよかったですね。

釈 最後に県庁がありましたが、あれも移転するそうで。

内田 移転したらぜひ何もつくらないでいただきたい。でも結局、サンフランシスコのフィッシャーマンズワーフみたいな感じにして、ショッピングモールやレストランをやろうって誰か言い出すんですよ。頭の悪いコンサルとかが。

釈 長崎は大丈夫な気がするんですが。

内田 せめて後は更地にしていただきたいですね。

下妻 もともとは森崎という神さまが祀られていたそうで、私はこれが、長崎のいちばん根っことというか、土着の神さまではないかと思っています。一緒にお祀りされている諏訪も住吉も、よそから来られた神さまですし。

内田 だったらまた森に返せばいいですよね。岬の先端にこんもりした森があって、そこに小さな祠がひとつ、その隣に小さなチャペルがあるのもいいなあ。とにかく森に隠れて見えないぐらいの感じの宗教施設がいいですね。

釈 賛成です。これが大阪だと商業施設になってしまう。ところで、どうしていつも大阪駅前は今イチすっきりしないんですかね。これまでの取り組みはほとんど持続性が低い。

内田 大阪駅前、梅田のあたりは気の流れのいい通り道がないです。例外的に御堂筋だけが南北にスッと通ってますけれど、曽根崎のあたりとか、コスモロジカルなきちんとした秩序がない。道路の方位もはっきりしない。だから、あの辺歩くとき、今でも自分がどこにいるのか、うまく納得できないんです。一応ここを曲がれば、あそこに出られるという知識はあるからもう道は間違えませんけれど、自分のいる方位を納得して歩いているわけじゃない。

釈 我々の聖地巡礼は、もともとその土地をほめたたえるという理念ではじめたんですけど、東京と大阪にかんしては悪口ばっかりに……。

内田 東京と大阪はひどいです。

釈 先生はもう東京になんか住む気になれないとおっしゃいますものね。

内田 大阪のほうがまだマシです。東京はひどい。

釈　東京と大阪の悪口を言い出すととても盛り上がってしまいますので、ちょっと長崎に話を戻します。我々は西坂の日本二十六聖人記念館に行きました。

内田　あそこは素晴らしかったです。とくに記念館の学芸員さんがとてもフレンドリーで、「また来てくださいね」という言葉に何か真実味がこもっていましたね。

釈　宗教系の史料館にはああいう人を置いて欲しいですよね。説明も穏やかな感じでした。

内田　彼は殉教者に対して激しくコンパッションしていました。

釈　その後、我々は浦上と平和公園に向かいましたが――。

内田　あそこはつらかったですねえ。

釈　肌に刺さるような痛みがありました。

内田　きびしかったです。公園の周りにあったさまざまな残念なオブジェも。

釈　はい（笑）。「どうしたんだ長崎」と言いたくなって……。あれを見るまではとても良い感じだったんですよ。

内田　訳のわからないバラのスカートをはいた母子像を見て落ち込みましたね。

釈　どういう理由か、行政が手がけるアートってことごとくダメですよね。道を綺麗に整備して、点々と置いたりするアートにしても、まともなものってないですから。

内田　見たことないです。

釈　むしろその場の宗教性を損なっているものばっかりですよね。

内田 だいたい駅前に置いてある彫像って、「こんなものなきゃいいのに」っていうものばっかりでしょ。神戸にもときどきあるんです。訳のわからない変なオブジェが。

釈 あれほどセンスのよい神戸をもってしても、行政がアートにかかわるとダメですよね。内田先生の観光立国論でいきますと、重要なのは宗教的な土地と自然が持つポテンシャル、そこに加味される芸能・アート。

内田 そうです。でも、行政が主導すると必ず現代アートになる。どうしてなんでしょうね。伝統的なものでいいじゃないですか。伝統的な技術がなければつくれない、それを見たら気持ちが落ち着くような作品を展示したらいいんですよ。

長崎くんち

釈 下妻さん、長崎の芸能事情はいかがですか？　九州は芸能どころだと思いますが。

下妻 芸能といっていいかわかりませんが、長崎の氏神さまである諏訪神社の秋の大祭、長崎くんちでは、異国情緒と豪華さあふれる踊りが奉納されます。龍踊りやコッコデショなどは、皆さんもニュースでご覧になったことがあるのではないでしょうか。江戸時代の長崎は七七の町からなっていて、それが今もそのまま、くんちの奉納踊りを出す「踊町《おどりちょう》」務めるのですが、七つの組に分かれていますので、出番は七年に一度。つまり全部見るには七年かかります。唐人船、南蛮船、御朱印船、川船、阿蘭陀船、鯨の潮吹き……それぞれに工夫をこらし、お金をかけ、大変にクオリティの高いものを奉納します。これぱかりは田舎の祭りと思ってもらうと困ります。たとえば、くんちの中でも人気が高い樺島町のコッコデショ（太鼓山）を、宝塚歌劇の演出の方が見て「直すところがひとつもない」と言われたそうです。

釈 それはすごいなあ。

下妻 町の人たちは、ひと夏かけて一所懸命稽古をします。毎日毎日、汗まみれ、手の皮、肩の皮が何度も剥けるくらい稽古して、一〇月七日から三日間の本番にのぞみます。曳きもの、担ぎもののお囃子は子どもたちが担当するのですが、親からも先生からもこんなには怒られないっていうくらい、これまた厳しい稽古です。また、くんちの始まりは、二人の遊女が踊りを奉納したことからとされていますが、これにならって、トップバッターには本踊りが登場します。藤間、花柳の名取さんたちや長崎検番の芸子衆がつとめ、地方も杵屋、松永といった流派の方々が担当します。そうした演し物を諏訪神社やお旅所などの「本場所」だけではなく、庭先回りといって、町内の一軒一軒を奉納のおすそ分けという形でずっと回っていく。三日間、あちこちからお囃子の音が聞こえてきます。

また、川船や鯨の潮吹きでは子どもが船頭役をするのですが、その船頭の衣装がとにかく豪華なんです。長崎刺繍といって、金糸銀糸、ビードロなどが入っていて、立体的なエビや鯛の刺繍がついています。くんちは、そういう伝統技術にも支えられています。

釈 内田先生と大浦天主堂でお話をしましたが、コアに強い宗教性があって、周りにそれを取り巻く芸能やアートがあって、その外側にさらにお土産などを売る観光施設がある。強い宗教施設があるところはその三重構造があるんですが、それってコアの宗教性の濃度が高くないと周辺は絶対に豊かにならないんですよね。たとえば大阪の御堂筋パレードもよい取り組みだったのですが、コアの部分が薄いので残りにくい。

内田 もうないんですか？

釈 代替のイベントをやりながら続けて、今は御堂筋フェスタになっています。しかし、やはり持続可能性は低い。長崎の場合は、真ん中の諏訪神社が持つあのたたずまいや強さが周りを豊かにしている。

内田 最後の大浦天主堂へ行く坂道でも「ん、ここはすごいよ」となりましたからね。

釈 もう教会を見る前に、お土産物屋さんを見た時点で（笑）。

内田 これだけのクオリティの土産物屋が維持できているということは、相当なパワーがあると見ましたね。

釈 もう我々、お土産物屋さんを見ただけで宗教性がわかりますから。

内田 聖地巡礼の専門家ですから。

釈 その一方で何度も悲劇に遭った浦上はまだ傷跡が生々しかったですね。求心力に転換するまで、まだ時間がかかりそうな様子でした。

内田 浦上は聖地としては、ちょっとつらいですね。悲劇があまりに大きすぎて、支えきれないのかも知れない。浦上四番崩れで迫害を受けたり、信者一万二〇〇〇人のうち、八五〇〇人が原爆で亡くなったり、聖地を支える人間的基盤が破壊されているわけですから。物語を語り継ぐ人たちがいなくなると、行政が入ってくる。

釈 なるほど。行政が入れば入るほど余計に聖地力が落ちる。

内田 聖地の霊的な力は行政が介入すると必ず衰えますね。聖地の力と行政の介入は反比例する。

釈 反比例。そこまで言い切ってしまいますか。

内田 言い切ります。

遠い後ろめたさ、弔いの負債

釈 ではここで、巡礼部の皆さんにも少しお話をうかがいたいと思います。

巡礼部 今日見たところは遺跡が多かったせいか、何かを感じとることはむずかしかったです。釈先生のおっしゃるような、場の持っているものに感応する感覚が、今日の時点ではそんなに発動されていないかなというのが正直な感想です。それは現代の都市を歩く巡礼ということも大きな理由だと思いますが。

釈 なるほど。では川上牧師、いかがですか?

巡礼部 僕も場の力ということではあまり感じられませんでした。二十六聖人の殉教地を訪れたときも、圧倒はされたんですけど、信仰を貫いた人々が殉教した事実についてはそれが悲しいというよりは、その人たちはある意味幸せで、むしろ対岸で手を合わせている人たちの絵に僕は悲しみを感じました。殉教できず、棄教もできず、さまざまな悩ましさを抱えながら、それでもかろうじて何かを守ろうとした隠れキリシタンの悲しみを明日のテーマにしてみようかなと思っています。殉教・棄教というふたつの対立の間に反抗と潜伏があって、信仰を保つための潜伏は踏み絵を踏むんだけど、遠藤周作はそれを棄教者の悲しみとひとつにまとめた。そのあたりが面白いなと思っています。

釈 私などは踏み絵を踏んでも信仰を続けるのは、別におかしな話ではないような気がするんですが。

内田 いやあ、でもやっぱり難しいですよね。そりゃ踏めますけど、踏んじゃった自分に対する自己評価は激しく下がる。だから、自己評価を上げるためには、私は恥ずべき人間だという厳しい倫理的断罪を自分自身に突きつけるしかない。踏み絵を踏んだ信者が、それでもなんとか自尊感情のかけらでも保持しようとしたら、自分に対して限りなく残酷になる他ない。自分の中にかろうじて残った信仰の純潔を守ろうと思うなら、自分を責め続けるしかない。だから、踏み絵ってほんとうに残酷な刑罰だと思うんです。処罰するのが役人ではなく、自分自身なんですから。自分からは逃れようがない。

釈 そうか、自分に対して残酷なまでに評価を下げてしまうんだ。

内田 隠れキリシタンは、そのエンドレスの自己処罰という負のスパイラルの中で形成されていった気がするんです。

釈 だから独特の信仰形態になったわけですね。

内田 そのせいで本来宗教の持つ伸びやかさや超越性が深く損なわれていったように思うんです。

釈 今回巡礼部としてご参加していただいた作家の玉岡かおる先生、いかがですか。

玉岡 遠藤周作が『沈黙』で書いたロドリゴに代表される、自分が人生を捧げてきたものを棄てた人の思いというものを今日はずっと考えていました。ただ、もっとドロドロしたものを感じるのかと思っていたのです。なにしろ、純粋に神の国をつくろうと希望を抱いてやってきた人たちの悲しみの場ですからね。ところが、それほどでもなかったという気もします。県庁の石碑には、イエズス会と奉行所西役所と海軍伝習所と三つの名が彫られていましたね。長崎は狭い町だから歴史が上書きされていくたびに、土地の力が薄まってきているのかも知れないと思いました。

実は去年の正月はマカオに、今年の正月はポルトガルのリスボンに行く機会があったのですが、今回の長崎と線でつながりました。ポルトガルはやはりヨーロッパの果てですから、もう海へ出るしかなく、海の向こうに神の国をつくろうとしたんだろうな、と実感できました。マカオは長崎とすごく似ています。坂が多く、山のてっぺんにイエズス会が建てた門が世界遺産として残っています。そこに行って、極東の日本に布教を決意したザビエルの情熱を感じることができました。

そうやって神の国をつくろうとしたキリスト教徒が、この長崎で、二五〇年間純粋に信仰を守り通した人たちと出会った。大浦天主堂は、「マリアさまを拝ませてください」といった日本人女性のひと言によって、海を越えて信仰がつながった場です。あそこは宗教的な力をすごく感じました。

内田 大浦はパワーがありましたよね。

釈 何度もいいますが、もうお土産物屋さんから違いましたからね。

下妻 ただ、長崎はいろいろなものが上書きされていて、場の持つ力があまり感じられないと皆さんおっしゃったんですけれども……この町の人間は二百数十年、踏み絵をして生きのびてきました。かつては自分や先祖たちが大切にしていたものに足をかけなければ長崎の住民ではいられないので、たとえキリシタンの信仰を失っていた人でも、多かれ少なかれ、微妙で複雑な感情を心の奥底に抱えながら生きていたのではないかと思います。

さっき、長崎くんちがとても賑やかだといいましたが、町の規模として考えたらほんとうに過剰なほどです。奉納踊りは、出演者、裏方をあわせると何百人単位、予算も何千万単位でかかります。私自身、くんちを楽しみつつも、この過剰さはなんだろう、とずっと思っていましたが、最近、それは長崎の人が抱えている、遠い遠いところに由来する後ろめたさがさせているのではないかと考えるようになりました。

くんちのお神輿や踊町の行列が町を歩く様子は、キリシタンの聖行列と重なるような気がします。初期のくんちは、ほんの二〜三〇年前までキリシタンだった「本人たち」がやっていたわけですからね。禁教に抵抗して自らを縛り、鞭打ち、血を流すような激しい聖行列をした人、あるいはそれを憧れと歓喜の目で見つめていた人たちです。現在は曳きものや担ぎものが多いですが、江戸時代にはほとんどがパレード形式の奉納でしたし、いまも船や龍の前を町の子どもたちが「先曳き」としてゾロゾロ歩くのは、その名残でしょう。そう思うと、くんちの行列がまた違ったものに見えてきます。「長崎学の父」と呼ばれる古賀十二郎[*19]さんは、長崎の祭りの本質は聖行列であり、くんちはもちろん、一見、仏教行事あるいは日本古来の先祖祭りに見える精霊流しでさえ、それがベースにあると考えていました。

長崎のお盆では、お墓に家族・親戚が集まって、飲んだり食べたり花火をしたりします。子どもはお盆に花火代という、お年玉のようなものをもらうんですが、初盆でない家でも何千円、何万円分の花火を買って、お墓で燃やし尽くします。十五日の夜は精霊流しで、初盆の家から故人を偲ぶ船が出ます。一応、ベーシックな船の形はあるのですが、バスの運転手さんだったお父さんをバス型の船で送ったり、お酒が好きだったらその絵を描いたり、メッセージを寄せ書きしたりします。船の正面にはバーンと大きな遺影が飾られますので、ほんとうにその人が乗っているみたいです。死や死者というものが、とても近くて親しいのです。

実際に来ていただければ、ここは日本でも、この世でもない、そんなふうに感じられるのではないでしょうか。船が流れる道では、隣の人と会話もできないくらいの爆竹の音が轟いています。その一晩で、日本の家庭用花火の八割か九割を消費するそうです。だから長崎の花火屋さんはそこで一年の売り上げのほとんどをたたき出します。よく「さだまさしの歌とぜんぜん違う」と言われたりするのですが、それはそれで、大音響の中の静寂といいますか、船を出す側になってみると、賑やかだからこそ寂しさが増すという面もあります。

なぜそれほどまで——やっぱり、遠い昔にものすごい「弔いの負債」を抱えてしまっていて、それを毎年毎年、ローンを払い続けるように弔い続けているのではないかと思うんです。それはお盆にも、くんちのときにも感じます。

釈　すごい屈折ぶりですねえ。

下妻　長くこの町に住んでようやく、いろんな人たちの苦難がうごめいてきた気配を感じられるようになりましたし、その上でやっと「くんちやお盆の賑わいは、ひょっとして弔いかもしれない」ということにも行き当たりました。ですから、パッと普通の日にきてちょっと歩くだけでは、なかなか素顔を見せない。それはもう、自分の心を隠し通し、葬り続けてきた町だからかもしれません。

内田　いいお話をいただきましたね。

釈　はい。ありがとうございます。

キリシタンの島、五島

下妻　明日は外海《そとめ》のほうを回ろうと思っています。それ以外にも長崎には、平戸や生月、西海、大村、島原半島と、キリシタンを知るうえで欠かせない地域がいくつもあります。特に五島には、まったく違う空気が流れていますので、簡単にご紹介させていただきます。

島に向かうと、港と呼べるかどうかわからないぐらいの小さな港と集落があって、そこに小さいながらも濃密な、愛すべき天主堂が建っている。そんな風景が五島にはいくつもあります。私も初めて見たときには、非常に心を打たれるものがありました。

五島は長崎に布教する以前に外国人宣教師が渡り、五島藩のお殿さまの病気を治したことで信頼が得られ、早くから布教活動をしたという場所です。ただ、いまある五島の天主堂を建てた人たちというのは、明日行く外海などから、禁教後に海を渡っていったキリシタンが多いです。

それは開拓民としての要請もありますが、大村藩で行われていた子どもの間引きが、ひとつの大きな要因だったようです。カトリックでは子どもを殺しませんので、間引きしなくともよい五島へと渡ったそうなのです。さらに外海でも隠れて信仰を続けていましたが、五島ならもっと自由に信仰できるのではないかという希望もあったと思います。

明日天気が良ければ外海から五島が見えますが、「あそこに渡ればもっと自由な暮らしがある、もう子どもを殺さなくていい暮らしが待っている。」そう思って人々は海を渡っていきました。しかし残念ながら、現実はそうではありませんでした。五島には、当然もともと暮らしている人たちがいて、豊かな土地には彼らが住んでいました。だから与えられたのは非常に痩せた土地や、奥まった不便な場所ばかりで、結局、渡ってからも苦しい生活が続きました。

明治に入って、五島崩れと呼ばれるキリシタン弾圧もありましたが、それを乗りこえて禁教が解かれ、彼らの手でたくさんの天主堂がつくられました。少し五島の写真を見ていただきながらお話をしたいと思います。

釈　写真を見ますと山が多くて、人が暮らしやすいところではないという印象をうけますが。

下妻　はい。五島は一四〇もの島があって、上五島と下五島というふたつの地域に分かれます。下五島の中心は福江島といってわりと大きくてフラットですが、上五島は小さくて起伏のある島がたくさん集まっています。

この写真は上五島の北部、野崎島にある野首天主堂で、私がもう一〇年以上前に行ったときのものです。島には公園の管理人さんしか住んでいません。野崎島にもキリシタンが多く、信仰の自由を得て立派な天主堂が建ち、祈りとともに暮らしていたのですが、高度成長時代、今度は経済の波にさらわれて生活が立ち行かなくなり、全員離島ということになりました。

この天主堂は、私が行ったときにはこのようにすっかり打ち捨てられた状態でしたが、世界遺産を目指すということで、いまはもう少し整備されているようです。

これ（下の写真）は同じ野崎島の神社の写真です。天主堂と同じように、神社も打ち捨てられていました。野崎島は面白い島で、船で港に着いてしばらく歩くと野首天主堂があるのですが、細長い島の反対側の突端には「王位石《おえいし》」という巨石遺構があります。キリシタンとは関係ありませんが、かなり古い時代のものだろうといわれています。

次の写真は上五島の中通島にある鯛ノ浦教会です。これは旧堂で、正面の鐘楼には被爆した浦上天主堂のレンガが使われています。四人の銅像が建っていて、左手から二番目がヨハ

野首天主堂。

野崎島の神社。

旧鯛ノ浦教会。

鯛ノ浦教会の浦には銅像が並ぶ。

頭ヶ島教会。

ネ五島。西坂で殉教した二十六聖人のひとりで五島出身の方です。すぐ近くにはルルドの泉もあるんですよ。

次の写真は頭ヶ島の頭ヶ島教会。ここは珍しい石積みの教会です。頭ヶ島は江戸時代まで無人島で、隠れキリシタンの人たちが初めて住んだという島ですが、山ばかりで平地がありません。島の突端にキリシタン墓地がありますが、そこからの眺めが素晴らしいです。海と、お墓と、揺れる花……人と自然の「接点の原点」とでもいうものを見る思いがします。

最後は上五島の大曽教会です。非常に立派な教会です。実際に行くと、周囲の集落の感じと比べると、失礼ながら、立派過ぎるくらい立派です。もう、どれだけの思いがここに込められているのかと思うと、ち

大曽教会。

ょっと受け止めきれないぐらいの印象を受けます。

五島の教会はたいてい辺鄙な場所に建っていて、ひとつの天主堂に行くのに一日がかりということも珍しくはありません。そうしてたどり着いた先には、かなり密度が高い、独特の空気が流れています。長崎の町の中では、信仰の空気が希薄になっていると感じられたかもしれませんが、五島に行くとおそらく逆に「濃すぎる」と思われるのではないでしょうか。

ただ、五島の信者さんたちもこうして信仰を守ってきましたが、その後、暮らしが立ち行かずに長崎へ帰ってきた人たちもたくさんいます。そして帰った先の浦上で、原爆で亡くなった方も多いのです。

釈　五島のいまの生活ぶりはどんな感じで

すか。教会はいまでも現役として使われているんですよね。

下妻 はい、いまも現役です。ペンキの塗り直しなんかも自分たちでされていたりして、集落のシンボルでもありますし、「もうひとつの我が家」という存在のようです。何年か前にある教会が燃えてしまったのですが、元の姿のままによみがえりました。

釈 なるほど、ありがとうございました。明日は五島のほうには行けませんが、外海の隠れキリシタンゆかりの地をいろいろご案内していただく予定です。今日とはまた違った空気を感じられるかもしれません。楽しみにしております。

＊1　パードレ　キリスト教が日本に伝来した当時のカトリックの司祭のこと。

＊2　イルマン　パードレ（司祭）に叙階されない修道士のこと。

＊3　大村純忠（一五三三〜一五八七）　戦国時代の武将で、肥前大村城主。日本初のキリシタン大名で、天正遣欧使節を派遣した。一五七一年に長崎港を開港した人物としても知られ、一五八〇年には長崎と茂木をイエズス会に寄進。

＊4　不干斎ハビアン（一五六五〜一六二一）　京都臨済宗の禅僧だったが、一五八三年に母親とともに受洗。イエズス会修道士となり、今回訪問したトードス・オス・サントス教会（現春徳寺）などで学ぶ。護教論書『妙貞問答』を執筆するも一六〇八年に棄教、禁教令が公布された後は幕府のキリシタン迫害に協

力し、反キリシタンの書『破堤宇子』を著す。

＊5 長崎甚左衛門（一五四八〜一六二二） 大村純忠の娘婿で家臣。長崎港開港時に同地を領地とし、管轄していた。

＊6 ガスパル・ヴィレラ（一五二五〜一五七二） ポルトガル人のイエズス会修道士。一五五六年に来日後、足利義輝の許可を得て、ロレンソ了斎とともに京都で布教活動を行なう。義輝の死後、京都を追放されてからも畿内などで布教を行ない、高山右近らに洗礼を授ける。インドにて死去。

＊7 カピタン 江戸時代の日本における、西洋商館の商館長。

＊8 長崎くんち 日本三大祭のひとつで、長崎市の氏神、諏訪神社の祭礼。毎年十月七〜九日に行なわれる。異国情緒あふれる豪華な奉納踊りは国の重要無形民俗文化財に指定されている。

＊9 村山等安（生年不詳〜一六一九） 江戸初期の長崎代官。貿易都市である長崎で実権を握り、キリシタンの保護者として莫大な寄進を行なうなど影響力を行使。しかし、御朱印船商人の末次平蔵らと対立するなどして失脚し、江戸で斬首された。

＊10 モラレス（一五六七〜一六二二） スペイン人のドミニコ会司祭。薩摩・長崎などで布教を行なう。日本管区長として一六〇八年に徳川家康、秀忠に謁見し、教会建設の許可を得て、長崎のサント・ドミンゴ教会を建て、同修道院院長となる。一六一九年にマニラに追放される途中、沖で待機していたキリシタンの小舟で長崎に戻り、長崎代官村山等安の長子の屋敷に潜伏したが、捕えられて長崎で火刑、殉教。

＊11 高木彦右衛門（一五六〇〜一六三九） 江戸時代初期の、長崎の筆頭町年寄。出島築造に際して資金を提供するなどの有力者だったが、佐賀深堀藩の武士による「深堀事件」で殺害、高木家は断絶となる。

＊12 『ディアボロス／悪魔の扉』 一九九七年制作。原作はアンドリュー・ネーダーマンによる小説『悪魔の弁護人』。大都会ニューヨークを舞台に、悪魔が法曹界の黒幕となって若き弁護士の魂を狙うオカルト映画。

＊13　パウロ三木（一五六四～一五九七）　日本二十六聖人のひとり。一五六八年に受洗、一五八六年にイエズス会に入会し、オルガンティーノの神父を助け布教活動を行なう。

＊14　中浦ジュリアン（一五七〇～一六三三）　イエズス会司祭。天正遣欧使節の副使。江戸幕府による禁教令以後も地下に潜伏して九州各地で宣教するが捕えられ、長崎・西坂で穴吊りの刑で殉教。

＊15　オルガンティーノ（一五三二頃～一六〇九）　イタリア人イエズス会宣教師。一五七〇年に来日し、京都を中心として布教を行なう。日本人の気質を理解するようつとめ、信徒や大名から親しまれる。織田信長の信任を得て京都に南蛮寺を建立したほか、安土にセミナリヨ（神学校）を開くなどした。

＊16　浦上四番崩れ　「崩れ」は潜伏していたキリシタンが検挙、迫害されることを指す。「浦上四番崩れ」は文字通り四回目に起こった迫害で、規模が最も大きい。信徒発見後、江戸幕府は浦上村の信徒を捕縛し拷問を行なったが、外交問題に発展し、釈放。しかし、明治維新後の一八六八年には浦上一村全員が津和野、萩、福山に流された。彼らが故郷の浦上に帰れたのは、キリスト教の禁制が解かれた一八七三年だった。

＊17　マックス・ミューラー（一九二三～一九〇〇）　ドイツ生まれで、イギリスに帰化したドイツのインド学者、比較宗教学者。神話学の先駆者とされる。

＊18　ジェームズ・フレイザー（一八五四～一九四一）　スコットランドの社会人類学者。未開社会の宗教や儀礼、神話・呪術、習慣などを比較研究した研究書『金枝篇』の著者として知られる。

＊19　古賀十二郎（一八七九～一九五四）　長崎の郷土史家。優れた語学力と探究心で古今東西の資料を比較研究。『長崎市史風俗編』や『長崎洋学史』『丸山遊女と唐紅毛人』などを著し、「長崎学の父」と呼ばれる。

chapter 2

2日目

隠れキリシタンの里へ

サン・ジワン枯松神社
←
カトリック黒崎教会
←
バスチャン屋敷跡
←
カトリック出津教会
←
旧出津救助院
←
大野教会堂

外海へと向かう

バスチャン暦とオラショ（バスの中で）

下妻 皆さん、おはようございます。ナビゲーターの下妻です。
さて、今日は西彼杵半島西部にある外海《そとめ》という地域へ向かいます。長崎市の中心部から車で一時間ほどです。いまは道路も整備されて行きやすくなりましたが、私が子どものころくらいまでは「陸の孤島」とさえ呼ばれていました。さらに「外海」にはいつも「ド・ロさま」というなにやら不思議な名前の人がセットになっていて、その上、キリシタンがどうのこうの……子供心には、もはや外国のような場所でした。「ド・ロさま」というのは、明治初期に外海に赴任していた神父さまでです。江戸時代、外海には多くのキリシタンがいました。禁教が解かれた後も、彼らの暮らしはとても貧しいままでしたので、建築や医療などさまざまな技術や知識を持つド・ロ神父は、出津《しつ》地区を中心に、教会はもちろん、授産所をつくったり、そうめんやマカロニの製法を教えたりと尽力されました。

また、ご存知かもしれませんが、角力灘に面した外海は、遠藤周作の小説『沈黙』の舞台にもなった場所で、隠れキリシタンの里としても有名です。隠れキリシタンが暮らした地域は長崎県内にいくつもあって、これから向かう途中にある樫山という集落もそうなのですが、いまでも私のような「異教徒」が足を踏み入れると、誰かに見られているような、そんな気配を感じたりするのは気のせいでしょうか……。それはさておき、樫山にある赤岳はキリシタンの聖地とされ、浦上のキリシタンのあいだでは長崎市の西北にある岩屋山に三度登ると赤岳を巡礼したことになり、赤岳に三度登るとローマを巡礼したことになると伝えられていました。身をひそめる信仰生活が、しかし、気持ちの上ではローマにもつながっていたということに、大きな感慨を覚えます。

今日、外海を巡る中でも特に見ていただきたいのは、バスチャン屋敷跡です。バスチャン[*1]とは、実在したという日本人伝道士で、もともとはお寺の門番だったそうです。彼は禁教のなか、潜伏を続けながら布教をしていました。『沈黙』の宣教師であるロドリゴが山中を逃げ惑うイメージと重なりますが、最後はこの屋敷で捕まり、西坂で処刑されます。

昨日、大浦で「キリシタンたちは予言を信じていた」というお話をしましたが、その予言を残したのがバスチャンです。予言は四つありました。

一、汝らは七代までは我が子とみなすが、それ以後は救霊が難しくなる。

二、コンエソーロ（聴罪司祭）が大きな黒船に乗ってくる。毎週でもコンピサン（告白）が申される。
三、どこでもキリシタンの教えを広めることができる。
四、途中で異教徒に出会っても、こちらから道を譲らぬ前に先に避けるであろう。

つまり「七代後まで信仰を守り続ければ救われる」と予言を残したんですね。彼は隠れ住んでいた谷間の小屋でバスチャン暦という信仰用の暦を作りました。外海や浦上のキリシタンは、その暦をもとに聖人の祝日を祝い、ひっそりと信仰生活をおくっていたのです。ちなみに、いまでもバスチャン暦は残っています。写し継がれてきたものですので、ポルトガル語をひらがなにしたり、「マリア」を「丸屋」、「ペドロ」を「平とろ」と書いたりしていて当時がしのばれます。

さて、これからCDを流させていただきます。隠れキリシタンの「オラショ」と呼ばれる祈りの歌です。聞いてみてください。

第一、御あるじ、ぜすきりすと、死し給いてより、三日日に、よみがえり給うこと。
第二、御あるじ、ぜすきりすと、よみがえりてより、四十日目に、大きなるごいこうを以って、ご昇天なされしこと。

第三、御あるじ、ぜすきりすと、ご昇天より、十日目に、すべりとさんとの、御母さんたまりや、
み弟子の上に、あま下り給うこと。
第四、御母さんたまりや、おありましきしんとともに、ご昇天とげ給うこと。
第五、びりぜんさんたまりや、天上に於いても、さんちりしま、ちりだでうす、ひいりょうの、御
母にてまします御処にあたる向上は、ご皇紀にそなえたる、すぐれたる、ご善徳のご返報と
して、ぐるりやのほうばんに、あたえまいらせ給うことを、くわんじに奉る。

右百五十ぺの、おらっしゃは、どめごには、一日に申すべし、あべまりや十ぺん、きりや一ぺんづつの間に、此のみすてりやす。ひと誕生、にゃいの事、こい奉るべし。此の儀を勤むる人々は、数々のごくりきを、こうむるべきものなり。あんめいぞう（さんたまりや）。＊合掌

釈　ご詠歌みたいですね。

内田　ほんとうにそうですね。不思議です。

下妻　いま聴いていただいたのは、『ぐるりよざ』という歌で、原曲はスペインのグレゴリオ聖歌。これは長崎県でも一番北のほうにある生月島のものです。平戸や生月の隠れキリシタンには、長崎や外海とはまた違う信仰や生活がありますので、オラショも微妙に違うとは思うのですが、イメージはつかんでいただけたかと思います。

●アヴェ・マリア

釈　川上牧師がこれから聖歌の歌詞を配ってくださるそうです。牧師にちょっとご説明していただきます。

川上　おはようございます。僕は今回の巡礼唯一のクリスチャンですが、じつはグレゴリオ聖歌をお祈りの歌としてみんなで歌ってみたらどうかと思って準備してきました。

僕自身はプロテスタントでカトリックのことをほとんど知らないのですが、カトリックの友人がいまして、グレゴリオ聖歌風の歌を何か教えてほしいとお願いしたら、じつはいまのカトリック教会ではそういうものは歌っていないんだそうです。一九六八年の第二バチカン会議以降、各国の言葉でそれぞれのやり方でよいことになったそうで。「そこを何とか」と頼んで教えてもらったのが、この『アヴェ・マリア』という歌です。この歌はですね、こういう意味なんです。

めでたしマリア、恵みに満ちた方。主はあなたと共にいます。女の中で祝せられ、胎内の御子イエスも祝せられたもう、神の御母マリア、祈りたまえ、我ら罪人のために。いまも終わりのときにも——

♩=72

Ave Maria

A - ve Ma - ri - a, gra - ti - a ple - na,
Do-mi-nus te-cum, be-ne-di-cta tu in mu-li - e-ri - bus,
et be - ne - dic - tus, fruc - tus, vent - ris, tu - i Je - sus
San《サン》 - cta《タ》 Ma《マ》 - ri《リ》 - 《ー》 a《ア》, Ma《マー》 - ter《テル》 De《デ》 - 《ー》 i《イ》,
o - ra pro no - bis pec - ca - to - ri - bus,
nunc et in ho - ra, mor-tis no - strae A《アー》 - men《メン》.

皆さんにはぜひ、四段目にでて来る「サンタ・マリア、マーテルデーイ」、これは「祝せられたもう、神の御母マリア」という意味ですけれど、ここを一緒に唱和できたらと思っています。では頭から歌ってみますので、聴いてください。

川上 ありがとうございます。この祈りの歌を今日どこかで皆さんと一緒に捧げられたらと思います。その際はどうぞよろしくお願いします。

釈 楽しみにしています。それにしても内田先生、さっきのオラショですけど、CDの写真を見るとキリシタンの皆さんが和服を着て正座をしています。やっぱり信仰の歌という感じがすごくしますね。きっとあれはラテン語で、ヨーロッパで歌われている讃美歌を口伝えで残してきたけれど、何世代か渡っていくうちに微妙に変わっていったんでしょうね。ご詠歌にしか聞こえません。

下妻 オラショを習うときは、布団をかぶって声がもれないようにしていたそうです。

釈 そうでしょうね。おおっぴらにみんなで大合唱できませんからね。隠れて歌いついでいけば、なおさらメロディは変わっていくでしょう。

川上 グレゴリオ聖歌はそもそも日本の音階じゃないんですよ。

釈 そうなんですか。

内田 しかし、これを初めて聞いたカトリックの神父は驚いたでしょうね。なにしろラテン語ですからね。

釈　そうでしょう。祈りの歌というのは根強く残るものですねえ。

内田　そもそもこの祈りの言葉や歌は宗教の核心部分でしょうから。

釈　子どもの頃から何かよくわからないけれどずっと教えられてきた歌が、いい年になって聞いたら胸に響いて、涙が止まらないといった事態が起こる。宗教の歌ってそういうものですよね。

内田　この歌を歌えないなら死んだも同然というぐらい身体化している。

釈　そういう信仰を抑圧するのは本当に罪深いことです。もう「人間やめろ」というような話ですからね。当時の文献では、キリシタンと日蓮宗の不受不施派[*2]、悲田宗[*3]の三つはとにかくいけないと書いています。見つけ次第取り締まれというお触れが何度も出ている。

内田　不受不施派というのは、どんな集団ですか？

釈　同じ信仰を持った者からしか施し物は受けないし、施しもしない。他宗派との境界線が明確なので、「協調路線」の江戸の宗教政策に全然合わない。独特の習慣も大事にしますし、『法華経』以外は一切否定するという厳しい態度でしたから、キリシタンと同じように激しい弾圧を受けました。

サン・ジワン枯松神社

神仏ゼウス混淆

下妻 さて、最初の目的地、枯松神社の入り口に到着しました。ここから少し歩きます。またの名を、サン・ジワン枯松神社。外海のキリシタンたちが密かに集って祈りを捧げていたそうです。

内田 えっ、キリスト教の神社ですか?

釈 それは楽しみです。

下妻 外海のキリシタンたちは、禁教時代は天福寺というお寺の檀家になり、表面上は仏教徒として二五〇年にわたる長い苦難を耐え忍びました。しかし、禁教が解かれたあと、カトリックに戻った人たち、お寺への恩義から寺に残った人たち、そして先祖からの受け継いだキリシタン信仰をする人たちの三つに分かれます。そのためにわだかまりが生まれていたのですが、ある日本人神父さんの呼びかけでカトリック、仏教徒、キリシタンの三者が集い、いまは毎年ここで枯松神社祭が開かれています。

枯松神社はご覧のように鳥居もありません。キリシタンにとって大切な場所なんだけれども、祈りを捧げてきた場所を「神社」としてカモフラージュしつつ参拝したということですね。長崎にはここ以外にもキリシタンの神社がありますが、枯松神社が最も有名です。

内田 すごい。This is Japan ですね。神仏混淆。

釈 神仏デウス混淆です。それにしても神社ってパソコンのハードみたいな感じですよね。そこにキリスト教や仏教というソフトを入れたりできるわけですから。

内田 たしかに。

釈 ただ、私は「だから日本の宗教は寛容だ。あいまいだ」と言い切ることにも抵抗があります。他と妥協しにくいタイプの宗教もけっこうあります。浄土真宗や日蓮宗などはその代表です。弱者の宗教はその傾向が強い。ただひとつをみんなで信じるから連携が生まれるんです。

ああ、これはまた素朴な階段ですね。**下妻** 滑りやすいのでどうぞ気をつけてください。

祈りの岩

内田 大きな岩がありますね。これは祈りの岩ですか?

下妻　はい。ここに集まってキリシタンがオラショを伝承したそうです。

釈　かなり立派な岩ですね。これは祈りの場所に選ばれるのも無理はない。

内田　まるで三輪山の奥津磐座。

釈　ここでオラショを歌ったのか。迫力ありますね。

内田　夜陰に乗じてやっていたんでしょうね。オラショはたぶん瞑想の道具なんでしょうね。たぶん途中からトランス状態ですよ。

釈　低く声を抑えながら、しかもこの岩で、数人でずっと単調なリズムで祈りの言葉を唱えるわけですから。トランスするでしょうね。

内田　隠れキリシタンしか味わえない強烈な宗教的法悦があったんでしょうね。

釈　二五〇年潜伏するのも、そのあたりに秘密がありそうですね。

内田　それだけの喜びの報酬がなければ、なかなか迫害の下で二五〇年も信仰は維持できませんよ。

釈　先生は長崎の悲劇の跡をめぐって、どうしようもない暗さ、救いのなさを感じたとおっしゃっていましたが、こういう自然岩の側で海に向かってオラショを唱える光景は救いがありますね。

内田　そうですね。ここには明るさがあります。

釈　やはりどこか自然とシンクロしないと、宗教って明るさが出ませんよね。逆にいえば、内省型の宗教も自然とシンクロさえすれば開放的な部分が生まれる。

祈りの岩。

内田 教会って内部は暗いですけど、必ずステンドグラスがあって、外からの光が入るようになっています。でも、隠れキリシタンは納戸や押入れにこもってこっそり信仰していたわけですからね。

釈 そうですね。光が入らず鬱々とする。

内田 納戸に神様はつらいです。

釈 さて、次はいよいよサン・ジワン枯松神社ですね。

枯松神社と習合したお墓

内田 こちらが枯松神社ですか？　なかなかの建物ですね。

釈 いいたたずまいです。どの様式も強く主張していない。神道風でも仏教風でもないようにつくっています。なるほど、こういうプレーンなつくりにするのか。

サン・ジワン枯松神社。

扉はけっこう簡単に開いちゃうんですね。石碑がありますね。サン・ジワンとカタカナで彫ってあるようです。

内田 サン・ジワンというのはどんな方ですか?

下妻 外国人宣教師で、先ほど出てきたバスチャンさんの師です。一六〇九年に長崎へやってきて、禁教後は潜伏しながら活動を続けていましたが、無理がたたって亡くなります。それがちょうど外海だったんですね。世話をしてくれたおばあさんに「海の見える高いところに葬ってください。そうすればこの地域を守ります」と言われたので、ここに葬られたそうです。なんだか「ご先祖さま」みたいですね。

釈 きっと何世代もの間、キリシタンの尊敬を集めてきたんでしょう。向こうに墓地がありますね。

内田　ほんとうだ。行ってみましょう。

内田　この墓地には十字架がありません。

釈　この墓石には倶会一処って彫ってあります。浄土仏教ですね、浄土真宗かな。でも洗礼名もあります。バシチャンさん、明治の年号ですね。マリアさん、パウロさん、こちらは平成の方です。いや、このお墓もいろんな宗教が習合しています。

内田　昨日、春徳寺の墓地で見た土神も祀ってありますね。

釈　ほんとうだ。いろんなものを混ぜて、煮詰まっている感じ。

内田　いや、これは珍しい。パウロの隣が居士ですからね。

釈　仏教も各派が入り込んでいます。南無釈迦牟尼仏となっていますので、これは禅宗のお墓でしょう。それにしても、皆さん大きなお墓を建てられますね。

内田　そもそも神社の境内に墓地があるんですから。

釈　キリスト教の中に、仏教各派の様式が混入したかたちになっていますね。本来はクリスチャンだけど、それぞれどこかのお寺の檀家としても所属していた、という結果かな。

内田　お墓はぜんぶ西を向いています。

釈　あの木立がなければ海に落ちる夕日が見られますね、きっと。

墓地を歩く。

内田 日想観ができそうです。

下妻 お墓を見ていただくとわかるように、長崎はわりと松がつく名字が多いような気がします。特に松尾。私の祖母方も松尾ですが、クラスに二、三人は松尾さんがいました。

内田 松井、松崎、松下、松川、松尾、たしかにみんな松ですね。松は一体何を意味するんだろう？ 姓をつけるようになったのって明治からですよね。それまではなかったんですから。

釈 その時期は、村の人たちがみんな一斉に同じような名前をつけたりしたみたいですからね。近くに松林があって、そこからとったのかもしれません。海が近いと松は重要なアイテムですね。住吉信仰も松がシンボルになっています。海民系の信仰ですね。

内田 海から来ると松がまず見える。

釈 ええ、そうです。防風の役目もあります。

十字架という象徴の強さ

下妻 枯松神社の本殿の近くのこちらのお墓は、石を置いただけのキリシタンらしいお墓です。

釈 これもお墓なんですか？ 土葬ですかね？ あ、十字架を刻んでいます。

内田 ほんとだ。

下妻 こういう名前も書いてないキリシタンのお墓が、このあたりにはいくつかあるんです。

釈 なるほど。それにしてもこの質素なお墓の十字架には、宗教的象徴の力を感じますね。隠していたものと出会うといった……。

内田 感じますね。シンプルですけどね。

釈 宗教的象徴はダイレクトに心が揺さぶられます。

内田 これは絶対に自然界には存在しない形ですからね、誰かがあえてここに彫らなければ。

釈 信仰、贖罪、復活、あるいは長年の弾圧の悲しみ。すべてが凝縮され、表現される。それが宗教の象徴です。

キリシタン墓。中央に十字が刻まれている。

そういえば最近の研究で、キリストが磔になったのは十字じゃなくてT字だっただろうという説があります。また、掌に釘を打ったのでは身体を支えられないから手首の太い骨と細い骨のあいだに打ったとか、いろいろ言われているんですが、だからといって十字架がT字架になることはありません。十字架は宗教的象徴になっていますから、そこには代替不能なストーリーがあるわけです。

内田 なるほど。

釈 キリスト教において、イエスが、罪人として刑に処せられたという事柄をいかに宗教的に意味づけるかは、最重要課題でした。そこで十字架という象徴が果たした役割はほんとうに大きいものがあります。

内田 それにしても、この苔むした感じがすさまじい。今回のパワースポットのオブジェではナンバーワンですね。きっとキリシタンの末裔がそっとお参りしているんでしょう。先祖のお墓でしょうけれど、それは子孫しか知らないというように。

釈 ここは、隠れキリシタンの聖地としては、たいへん素晴らしい場所ですね。

内田 熊野に近い雰囲気がしますね。宗教的な磁場とキリシタン信仰が混淆している。

釈 これぞ聖地、我々のメンタリティにぴったり。もし内田先生がどこかの司祭なり神主さんになるとしたら、この枯松神社ですね。ここは何も拒否しない場所ですから。

内田 面白いですね、教派・教義的な垣根がない空間が極めて霊的だったとは。

釈 ほんとうです。

内田 緊張感がありました。墓地の墓石にはマリアやドミニコという洗礼名の隣に真如や居士が並んでいる。こういう宗教的緊張感ってすごいです。宗教って何だろうって根源的に考えてしまいますから。

釈 土神さんもいましたし、西の海を向いていて浄土信仰も入っていそうです。昨日、お話した、ロゴス、パトス、エトス、トポスの四要件の中では、完全にトポス中心的ですね。

カトリック黒崎教会と遠藤周作

木造の教会

釈 次に枯松神社の近くにある黒崎教会に到着しました。

内田 マリア像がありますね。やっぱり長崎は多いですね、どこに行っても。

釈 このマリア信仰の強さは何なんでしょうね。

内田 この教会も地域の信者さんたちがみんなでつくったんですってね。

釈 瓦屋根の教会は多くありません。いい建物です。

内田 中に入りましょうか。

釈 ほう、木造ですね。この祭壇のセンスもいいですね。レンガと木と漆喰。何ともいえないやさしい感じがあります。

掲示板を見ると、各集落ごとに教会の掃除当番が決まっているようです。地域の教会という感じがしてすごくいいですね。ミサが終わって、ここからパッと出て海が見えたら気分が

黒崎教会とマリア像。

いいでしょう。

内田 靴を脱いで上がるんですね。

釈 木造の教会は、日本各地に結構あるんです。それを研究している研究者がおられます。木造の教会は皆でメンテナンスする必要があって、それがコミュニティ維持につながっているそうです。

内田 それにしても、村の規模からしたらこの教会は非常に大きいですよ。信者の数がそれだけ多いということなんでしょうね。村の半分くらいがカトリックなんじゃないと、維持できませんよ。こういう田舎の山間部に教会があって、それが機能しているって珍しい。

釈 それは長崎ならではなのでしょうね。

内田 カトリックが生活に根づいているんでしょう。それにしても、二五〇年間ひたすら信仰を守り続けてきて、プチジャン神父の登場で晴れてカトリックに戻った人たちの安堵と自尊心は大きなものだったでしょうね。日本のクリスチャンって、どこかの段階で自己決定して洗礼を受けるわけじゃないですか。だから、どこか自分の信仰に不安がある。自己決定して

黒崎教会内部。

選ぶことができた信仰なら、自己決定で捨てることもできるわけですから。でも、この土地の人たちにはそういう不安がない。先祖伝来の生活文化の全体がカトリックの正系の中にあったわけですから。そのような信仰が生活に根づいている感じって、なかなか他のキリスト教徒には求めがたいものでしょう。

釈　視界が開ける思いだったことでしょう。何世代にもわたる流れの中に自分が位置していることをありありと実感して。

内田　ある日気がついたら自分が正系だったと知るのって、すごく感動的なんじゃないかな。自分たちのローカルな宗教生活だと思っていたものが、より大きな体系の中央に位置づけられるものだったわけですから。

釈　逆に新しい宗教が入ってくることへの

抵抗感もそこにある。脈々と続く流れの中に身を置いている肯定感が阻害されますから。この地域の人たちは、キリスト教こそが自分の身をゆだねる大きな流れなんでしょう。

内田 自律したエートスと信仰が二五〇年ぶりに出会って、あなたこそ真のカトリックだと言われたら——。

釈 お待たせしました、真打登場という感じです。

内田 すごい解放感だったでしょうね。信徒発見の後も、隠れキリシタンの信仰を続けた人もいますけど、カトリックに戻って、胸を張って信仰生活を送っている人のほうが多いんじゃないですか?

釈 そうですよね。この教会には、カトリック信者として何世代も生活を続けているという雰囲気がただよっています。

遠藤周作が描く、共に泣く神(バスの中で)

釈 そういえば遠藤周作はこのあたりを舞台に『沈黙』を書いたんですよね。あの主人公の宣教師ロドリゴ[*4]は内心、キチジロー[*5]をバカにしていますよね。

内田 だから、キチジローは主人公じゃないとエッセイに書いていましたよ。あの人たちを救うのは文学しかないだろうと。自分自身は絶対に踏み絵を踏む人間だと。

釈 だから遠藤周作の神というのは共に泣く神になっちゃうんですかね。裁く神じゃなく。

内田 母子癒着の人ですから。

釈 そうか、遠藤周作はこの地のマリア信仰にコミットしてたわけですか。なるほど、それならあの神の描き方がわかるような気がします。

下妻 禁教後の長崎に生きた人は、みんな転んだり踏んだり、なんらかの挫折を経験していますから。

釈 一時期は長崎に住んでいる人のほとんどがカトリックとなる。そしてその人たちはみんな苦しみます。『沈黙』で「どうして君たちはこんな残酷なものを持ち込むんだ」という言葉があります。君たちがキリスト教を持ち込んだおかげで、どれだけの人が苦しんでいるんだ、と問うのです。

遠藤周作も、カトリックの信仰と日本人としての感性や宗教性や文化性との齟齬に悩みます。そして、『深い河』に描かれるような、すべての水を飲み込むような大河の流れ、そういう信仰形態へと帰着したのではないでしょうか。彼はキリスト教の「罪の意識を持て」と強制してくるような体質に違和感があったようです。それに対して清濁あわせ飲むようなガンジス川の流れに共鳴する。また、宗教の本質は無意識的なもので、自分ではコントロールできない、そんなふうなことを語っています。日本でキリスト教が土着するには、この遠藤周作型のスタイルがひとつあるのかなと思っています。下妻さん、こちらの方では遠藤周作への敬意はやっぱりかなり強いんですか？

下妻 吉村昭さんもそうですが、長崎に通われて長崎を舞台にした作品を書かれた作家なので親しみはありますよね。「このお店がお気に入りだった」とか「この坂をよく歩かれていた」というような親しまれ方。ただ、遠藤周作について、カトリックの信者さんたちがどう思われているかというのは……。

釈 ずっと批判されていましたからね。『沈黙』が出たとき、彼の書く神があまりにも弱々しいので、お前の神は観音様かといわれたそうです。そうそう、遠藤周作って灘中学の出身ですよね。

内田 夙川カトリック教会で洗礼を受けていて、住んでいたのは西宮です。さて、これから向かうのは？

下妻 昼食を食べたあと、『沈黙』のロドリゴさんともオーバーラップするような、日本人伝道士のバスチャンさんが逃れ逃れて最後に潜んでいたバスチャン屋敷跡に向かいます。

バスチャン屋敷跡

釈 昼食をとった遠藤周作記念館から（バスでは入れないので）タクシーに分乗して、バスチ

バスチャン屋敷跡（2013年撮影）。

ャン屋敷跡の入り口のところまでやってきました。

下妻 ここからちょっと下っていくと着きます。

釈 ここは周辺の集落からもずいぶん外れた山中ですね。この道もまるで獣道です。こんなところを行き来しながら潜伏していたんですね。

内田 谷底ですね。すごいところだな。

釈 これは人間が暮らすにはそうとう具合が悪いですよ。

下妻 あそこの建物です。

釈 あれですか？ 小屋じゃないですか。屋敷という言葉は合わないですね。壁は石を平積みして土を詰めています。

下妻 これでも地域の方が復元整備していますす。扉はもともとすだれのようなものが下がっていただけだったそうです。どうぞ中をのぞいてみてください。かまどがありますけど、ほんとうに質素で……。

釈　ははあ、たしかにそうですね。バスチャンさんはここで暮らしながら布教にも出ていたのですから、決して隠遁者ではありませんね。

内田　キリシタンたちが告解にもくるし、洗礼もしたんでしょう。

釈　処刑されたキリシタンを弔いに出すために町に下りたり、ほんとうに献身的に活動していたそうです。隠れてはいても、世俗とは決別していない。

下妻　密告によって見つかったといわれています。

内田　こんな場所まで逃げるんだから。放っておいてあげればいいのに。

釈　ほんとうですよね。迷惑をかけているわけでもないし。でも、当時はどんどん「狩る」感覚になったんでしょうね。虐待ってエスカレートしますから。

内田　懸賞金もありましたからね。バスチャンは修道士だから銀三百枚。司祭が銀五百枚、たちかえり（キリシタンに戻ったもの）も五百枚だそうですよ。

●長崎を東洋のエルサレムに

釈　水があるからこんな沢ぞいに小屋を建てたんでしょうけれど、湿気がすごいから食材とかすぐだめになっちゃうでしょうね。虫もすごいし、ほんとうに暮らしにくそうです。

内田 こんな湿気だと、すぐに病気になりそうだな。

釈 信仰なしにここには人間は住めません。この屋敷、祭壇以外のものがほとんどありません。家の中心に十字架を据えているわけですから。

内田 信仰は強いです。

釈 はい。こういう信仰の強さを目の当たりにするたび、あらゆる人間の過剰さの根底には「信じる」がある気がします。科学にしてもそうですもんね。

内田 なるほど。

釈 天文学をはじめたのも修道士たちですからね。彼らを突き動かしたのは、「どこかに神の存在を証明する法則があるはずだ」という尋常じゃないパッション。エンドウ豆で遺伝の研究をしたメンデルも修道士です。何世代にもわたって根気強く豆を調べ続けることができるのは、当時は修道士くらいでしょう。

内田 長崎はこれからキリシタンの遺跡を世界遺産に登録して観光客を誘致しようとしているわけですよね。バスチャン屋敷に世界中のカトリック信者が参拝に来るようなったらいいですね。

釈 そうですね。長崎にはいい温泉もありますし、内田先生には長崎応援隊としてがんばっていただかないと。

内田 応援したいですね。それにカトリックは世界中に信者が十億人いますからね。百人にひとり来ただけでも一千万人ですよ。

釈 エルサレムのような聖地に。

内田 東洋のエルサレム、いいですね。

釈 ほんとうですね、これは力があるな。我々で応援メッセージを出しましょう。

内田 今日歩いてきたところをカトリック八十八カ所にして、札所にしましょう。

下妻 五島にもいい教会がたくさんあります。

内田 なるほどね。やはり、日本の明日は観光立国ですよ。それも宗教的な部分にフォーカスした観光立国。「日本に行って聖地を巡ろう」って、どうです。

釈 これはひとつのモデルを発信できますね、これから日本のあり方について。

内田 だって、キリシタン遺跡って、真にグローバルな遺産ですよ。山の中に四〇〇年前のカトリックの遺跡があるんですよ。

釈 大浦天主堂だって、世界中のカトリックの人たちが涙を流しますよ。だって、あの「信徒発見」の場所なんですから。そういえば、なんで日本のカトリックは天主様という言い方をやめて神にしたんですかね。天主様の方がよかったのに。

内田 ほんとですね。

釈 天守閣もそこからきていると聞いたことがあります。

内田 そうなんですか。でも天守閣のシュは守るですよね?

釈　はい。「守」です。主君を守る、って意味に転じたのかな。

下妻　そういえば長崎の岬の教会は、よくある尖塔や鐘楼がそびえるものではなくて、日本のお城の天守閣のような形だったといわれています。

カトリック出津教会

カトリックとプロテスタント

釈　さて、バスチャン屋敷跡から移動して、バスを降りました。これから、出津《しっ》教会という場所に向かっていきます。それにしてもこのあたりは厳しい土地ですね。農業をするにしても、漁業をするにしてもむずかしそうです。

下妻　かつてはとても貧しい場所でした。そこにフランス人宣教師のド・ロ神父が授産施設をつくっていろんな技術を伝えたのです。今日これから向かいますが、出津救助院という施設では、女性たちとパンやマカロニ、落花生油を使った独特のそうめんなどをつくっていました。

内田 ド・ロさんはフランス人ですか。

下妻 そうです。ノルマンディーのヴォスロール村、貴族のご出身だったようです。そのご縁で、外海とヴォスロール村は、ずいぶん前から姉妹都市です。

釈 ところどころにフランスが出てきますね。スペインやポルトガル以外にも、フランスの方がけっこう活躍しています。それにしても、カトリックは富裕になると罪を感じるところがありますよね。うしろめたさというか。

内田 富裕な者は天国に入れないという教えですからね。だから、蓄財していても、死ぬ間際になると、天国に行きたいので、財産を教会に寄進する。「金あると天国に行けませんよ」というのは非常によい考え方だと思いますけどね。

下妻 長崎に中町教会という明治期に建てられた大きな教会があるのですが、それもフランスのあるご婦人が多額の寄付をされたそうです。

釈 成功者のうしろめたさというのは世界の各文化圏で見られるそうです。むしろプロテスタントのように、社会的成功こそが神の救いの証という考え方のほうがちょっと珍しいみたいです。そうすると、あらためてカトリックの共同体志向とプロテスタントの個人志向が確認されますね。カトリックはほんとうに二枚腰、三枚腰のしたたかさがあります。

内田 だから、カトリックの方が海外布教がうまいし、その延長で植民地経営もうまい。アメリカのプロテスタンティズムは植民地経営向きじゃないですね。

釈 それでアメリカは、外国から嫌われちゃうのか。あんなに強大な国なのに。一所懸命やるのに、評判が悪い。

内田 米西戦争以来、中南米から太平洋まで植民地を拡大してきましたが、日本を含めて植民地や属国の経営に成功しているとは言えないですね。

釈 不思議なのは、南米です。スペインにあれだけひどいことをされたにもかかわらず、カトリックになる。

ド・ロ神父像。

内田 そうだ。不思議ですね。フィリピンもアメリカの植民地でしたが、アメリカが出て行った後は、やっぱりもとのカトリックですからね。

釈 先生ご専門のフランス現代思想家の中で、やっぱりこの人はカトリックだなと感じるのは誰ですか？

内田 フランソワ・モーリヤック[*6]ですかね。モーリヤック自身はナチスにもヴィシーにも加担したわけじゃありませんけれど、戦後、ロベール・ブラジャックやリュシアン・レバテらフランス知識人の対独協力者（コラボ）への死刑求刑に反対して、助命嘆願をしました。「いろいろあったけど、同じフランス人なんだからもういいじゃない。許してあげましょうよ」と言い出す。「こいつらを許したら、ゲシュタポに殺されたレジスタンスの仲間が浮かばれない」と激怒する知識人の方が左翼を含めて圧倒的多数だったんですけれど、「ま、そこを曲げて」ととりなした。政治的な筋目を通すことよりも、罪ある人を罪ある人として赦すというところがモーリアックらしくていいと僕は思いました。アルベール・カミュは筋金入りのレジスタンスですから当然対独協力者に対しては厳罰を求める立場でしたけれど、この助命嘆願にはやはりあり悩んだ末に屈服して、嘆願書に署名するんです。その辺にはカトリック的なものがカミュにありますね。

釈　そうなんですか。

内田　カミュ自身はもちろん無神論者ですが、母親は敬虔なカトリックです。カミュもやっぱり母子癒着の人なので、母親の影響を非常に強く受けているんじゃないでしょうか。カミュのお母さんは、無知無学の人でしたけれど、素朴な信仰心を持ってた人でしたから。

釈　そこにカミュのベースがある？

内田　ある気がします。家風というのは侮れないですよ。デリダ[*7]やレヴィナス[*8]はユダヤ人であることと自分の哲学の間には何の関係もないということを繰り返し主張していますけれど、その人が育った宗教的環境とその人の思想形成が無縁ということはありえない。親和であれ、反発であれ、何らかの影響があって当然です。

カトリック出津教会

釈 さて、いよいよ出津教会が近づいてきました。またまた立派です。瓦屋根ですね。

内田 壁は漆喰でしょうか。

釈 屋根が相当大きいですね。風が強いからでしょうか。ド・ロ神父というのは、こういう建築も指導したんでしょうね。建築技法をご存知の人だったんですか?

下妻 この出津教会と次に行く大野教会堂は、ド・ロ神父によるものです。さっきのレンガの黒崎教会もそうではないかとされています。

釈 ド・ロ神父という人は博学だったんですね。農業や食品製造も指導しているんですよね。この土地の人にとってはほんとうにスーパースターだったんでしょう。

内田 中の雰囲気はほとんどお寺ですね。

釈 たしかに。ご本尊がイエス様。漆喰と木ですものね。あの窓の感じもちょっとお寺が入っているような気がします。あ、見てください。マリア様の前の手摺りだけ極端に擦り減っています。イエス像や天使像に比べたら一目瞭然。信者の皆さん、あそこで祈るんでしょうね。

カトリック出津教会。

内田　ほんとだ。すごく擦り減っている。

釈　二階に桟敷席がありますね。歌う人は上から歌うんですかね。しかし、村の人ほとんど全員が入れるだろうというくらいの規模です。大きいなあ。

内田　地域の人口を考えたら大きすぎるくらいですね。都市部にもこんな規模の教会はないでしょう。

釈　けっこう有名な教会でもこんなに大きくありません。あそこにミサの日程が書かれていますけど、びっしりでしたよ、ほぼ毎日。手書きで、誰々のための法要とか。カトリックは各聖人の日がありますから。

下妻　では、次の出津救助院に向かいましょうか。

釈　どんな場所ですか？

下妻 この教会と同じ出津集落にあって、歩いてすぐのところです。もともとはド・ロ神父がつくった村のための授産施設で、その跡が最近整備されて見学できるようになっています。

釈 こんなに山間の小さな集落に大がかりな授産施設があるんですね。

下妻 長崎の中でもここは特別で、やはりド・ロ神父あってこそ、という気がします。神父の生家がとてもお金持ちで、ポケットマネーでいろんな施設をつくり、村をサポートしていました。ただ、あまり採算はとれていなかったようですが。

内田 ポケットマネーとはすごいですね。

釈 ご覧ください。この村には井戸にもマリア様が。

内田 里山の風景にマリア様って不思議ですよね。

釈 不思議な感じですけど、悪い気はしないですね。イエス様よりやっぱりマリア様のほうが里山には合いますね。やはりここはお地蔵さんはありませんね。さすがカトリックの村だな。あれが出津救助院ですか？

下妻 はい。最近整備されたもので、ちょっと前まではかなり傷んでいました。修道女の辻原祐子さんからお話をうかがいます。

旧出津救助院

説明を受ける

辻原　皆さん、こんにちは。ようこそいらっしゃいました。少し、この救助院とド・ロ様についてご説明させていただきます。

こちらの建物は授産場といって、今年で築一三〇年になります。この授産場とマカロニ工場の二棟が国の重要文化財です。また、こちらの製粉工場と薬局は県の指定史跡です。もともと製粉工場は水車小屋で、ド・ロ神父様が川の上流につくりましたが、後の時代にここに移築されました。薬局は当時いろんな病気も流行りましたので、診療所として建てられました。皆さん、ド・ロ神父様のことはいくらかご存知だとお聞きしましたけれど、私からも少しご紹介をさせていただきます。

ド・ロ神父様が日本に来られたのは一八六八年の明治元年、二八歳のときでした。その頃はまだ禁教令が解かれていませんでしたが、諸外国から日本はすごく注目されていました。

旧出津救助院。

それは二五〇年前のキリシタン迫害を耐え抜いて、もしかしたら信者がまだいるのではないかという期待があったからです。一八六五年に長崎の大浦天主堂が建っています。あそこは居留地の外国人たちのための礼拝所でしたが、ほんとうはキリシタンたちを見つけたいという思いがあったわけです。

ド・ロ神父様は貴族のお生まれでしたが、自分は司祭になって神様のことを人々に伝えたいという思いがありました。日本の大浦天主堂で浦上のキリシタンとプチジャン神父様が出会ったこともフランスで聞いています。世界中ですごいニュースになりましたから。

また、それ以前にも西坂で殉教した二十六人を聖人の位に上げたり、日本のキリスト教徒たちを応援しようという動きもありました。そして信徒発見の年にド・ロ神父様は司祭になっています。

信徒発見をしたプチジャン神父様は、日本にはまだ多くのキリシタンがいることを知り、フランスにいったん帰り、印刷ができる人を募りました。キリシタンはいままで潜伏し、聖書もない状態だったので、この先、信仰が自由になったときに印刷物が必要になると考えたからです。その呼びかけに応じたのがド・ロ神父様です。

でも、じつはド・ロ神父様は印刷技術を持っていませんでした。でも、神様のことを日本に行って伝えたいという思いがありました。ですからド・ロ神父様は新たに印刷技術を勉強して、プチジャン神父様と一緒に長崎に来日しました。

このとき禁教令はまだ解かれていませんでしたから、日本に行くことは二十六聖人や二〇五福者と同じように殉教する覚悟だったと思います。それだけの思いで日本にこられたということをぜひ知っていただきたいと思います。

この出津救助院は、ド・ロ神父様が出津教会の次に手がけた建物です。主に女性たちが自立して生活するための教育の場で、私のように修道生活をする女性と母親になる前の村の女性たちが一緒に生活をしていました。

村人たちは禁教令のあいだ、ずっと隠れて信仰を守っていたので、いざ信仰が自由になったとき、逆にどうやって信仰を守っていくのかがわからなかった。だからこの場所に一四歳

お話をする辻原さん。

から二〇歳になる前の女性たちが暮らし、修道生活をする女性たちと一緒に信仰生活を学んでいたわけです。

ド・ロ神父様は家庭から信仰を伝えることがとても大事だと考えていました。出津の女性たちは家庭を持ったあと、子どもたちに信仰や仕事や勉強を教えます。もともと自分の名前もろくに書けなかったでしょうが、算術やローマ字なども教わります。

この建物にあるものはすべてド・ロ神父様が取り寄せたものです。この時計は一五分ごとに音が鳴ります。時計は時間を知る生活の道具ですよね。けれど当時は一五分ごとのお祈りがあったんでしょう。

私たちは毎日ロザリオを唱えますが、そのとき例えば今日のこのお祈りを亡くなったあの人のために捧げよう、家族のために捧げよう、世界平和のために捧げようとします。

また、仕事をするときも、今日のこの仕事を病気のあの人のために捧げようと思いながらするのですが、そう決心して仕事をはじめても人間なのでやはり途中で忘れます。ここの女性たちもおそらく糸車を回したり、ミシンを踏んだりしているうちに途中で忘れたり、または眠たくなったりということもあったと思うんです。

そのときに一五分ごとに音が鳴る時計があることで、次のお祈りの時間はまだかなと気にせず、手を休めずにお祈りができる。そういう使い方をしたのではないかと思います。

だから、信仰は信仰、生活は生活、仕事は仕事ではなくて、それらがすべて一緒にできる。一階では素麺やパンやマカロニをつくっていましたが、いつもお祈りをしながら、歌いながらという感じで仕事をしていたんです。自分のためではなく、相手の幸せのためにこの仕事を捧げるという生き方をド・ロ様は教えてくださった。

オルガンの音色

辻原 この地のキリシタンたちはバスチャンさんという方の予言をずっと信じていました。バスチャンさんはこの出津の山奥に隠れているところを捕えられ、殉教されましたが、亡くなる前に予言を残しています。
その予言は、七代待つと船に乗って神父様がいらっしゃる、すると告解ができるというものでした。告解は司祭がいないとできません。七代は約二五〇年です。自分が生きているあいだにそういう時代は来ないとわかっていても、いつか必ずそういう時代がくると子孫たちに伝えてきたわけです。ド・ロ神父様はほんとうに船に乗っていらっしゃったそうですが、こうして教会を建て、お祈りや聖歌を教えてくれたときに、自分たちが待ちに待った神父様だということと、先祖から伝えられた予言はやっぱりほんとうだったと村人たちはすごく喜んだと思います。

ここにオルガンがありますが、じつはこれは出津教会のものです。昔からこのオルガンが教会とこの救助院のあいだを行ったり来たりしたと聞いています。昔は床の一部をフタのように開け、滑車を使って揚げ降ろしをしていたそうです。

このオルガンは素晴らしい機能を持っています。足踏みなので何もしなければ音は出ませんが、レバーを引くことで音が重なっていきます。ここまではよくある普通のオルガンと変わりありませんが、このオルガンの特徴は鍵盤が動くことです。真ん中にあるつまみを手前に引くと、鍵盤が動いて一本指で鍵盤を1つ押すと音が重なるようになっています。

ド・ロ神父様は、オルガンが届くまでは聖歌をご自分で歌いながら教えていて、それで声が出なくなり、こんどは口笛を吹きながら教えたといわれています。

もちろん、オルガンが届いても、ここの女性たちもいきなりは弾けません。でも、信者は先に歌を教えてもらっていますから、そのメロディを弾いていけばコードが鳴って曲の伴奏ができる。だからこのオルガンを取り寄せたのだと思います。

これから一曲演奏させていただきます。当時は小さい子どもからお年寄りまで声を合わせ、喜びながら歌を歌ったと思います。そうした様子を思い描きながらお聴きください。

（演奏）

この救助院は六年かけて復元工事をしました。できるだけ当時のものを使っていて、窓ガラスも歪んで見えるものがけっこうあると思いますが、これは一三〇年前のガラスです。窓の向こうの石垣にも草がたくさん生えていますけど、昔のまま積み直しをしてないのであのような状態になっています。

つまり、私たちは当時の人たちと同じ場所に立ち、同じものを見て、同じ音色を聞いているわけです。だからド・ロ神父様についても、過去にこんなにすごい人がいたということだけではなく、いま同じ場所に立つ私たちも、ド・ロ神父様のように人のために何かできる存在なのだと気づいていただけたらと思います。

もちろんド・ロ神父様はいろんな知識も技術もあったので、さまざまなことができたと思うんですが、神様から力を与えられているという点では私たちもド・ロ神父様も同じです。皆さん、おそらく宗教も違いますし、立場も違うわけですが、誰かのために何かをしようという行ないに宗教や立場は関係ありません。そのことをぜひ心にとめていただけたらと思います。どうぞゆっくり見学して行ってください。

巡礼部　ありがとうございました。

●ド・ロ壁

釈　ほんとうにいろんなものをつくっていたわけですね。そうめん、パン、製糸、機織……。

内田　多彩な授産事業ですね。

釈　しかし、内田先生、我々はいままでキリシタンの方々が苦労してきたところばっかりめぐってきましたけど、ここは生活している感じがありますね。女性たちが技術を覚え、仕事し、花開いた場所。

内田　ええ。長崎におけるカトリックのミッションがここで完成した感じがします。ここでは見事にカトリックが土着している。もう外来のお客さんじゃない。

釈　その通りですね。ここはもうほんとうに地域全体がカトリックですから。こういう小さく貧しい村にはほんとうにありがたい施設だったんでしょうね。キリシタンは受難の歴史ですけど、ここには独特の明るさを感じます。

内田　ここは明るいですね。

下妻　これはド・ロ神父が考案したというド・ロ壁です。一三〇年以上経っているそうです。かつての石積みは雨に弱く崩れやすかったんですが、このあたりで採れる粘土質の赤土に石灰と砂を混ぜて接合し、頑丈にしたそうです。

ド・ロ壁。

授産場の内部。

内田 美しい壁ですね。みごとな石組みだなあ。

釈 下からこれだけの数の石を積んでいますからね。こういう山間の集落は石積みの技術が欠かせません。しかし、私、ここに暮らす人たちがみんなカトリックかと思うと、ちょっとジーンとくるものがあるんです。なんでジーンとくるのかよくわかりませんが。

内田 さっきの修道女の方も何となく土着感がありましたね。

釈 あの方、この土地の生まれなんですって。それで修道女になって故郷に派遣されてきたそうです。地域の信仰生活が途絶えることなく継続している。なぜか今回の旅が報われた心地になります。

大野教会堂と旅の終わり

下妻 さて、今度は狭い丘の道を登ってきました。ここが長崎の巡礼の最後となる大野教会堂です。

さきほどのド・ロ神父が村の人々とつくられました。ご覧の通りとても素朴です。ここは巡回教会で、ミサがあるときにだけ神父さんがまわってこられるので、いつも開いているわけではありません。今日は残念ながら中に入ることはできませんが、見るからに信者さんたちの思いがこもっている教会です。

外側からじっくりご覧いただいて、長崎のキリシタン信仰のひとつのエッセンスのようなものを、最後に感じていただけたらと思っています。

内田 ここもド・ロ壁ですね。たたずまいが素朴です。屋根の形状も変則的ですね。

釈 表にはやっぱりマリア様がおられますね。

下妻 中には入れませんが、窓から覗くことはできます。

釈 ほんとうだ。中が見える。

内田 学校の教室みたいですね。

釈 このあたりは山間地で交通も便利ではありませんが、司祭が来たらこの教会に地域のみんなが集まるんでしょう。こういう素朴な暮らしを見ると、先生がふだんおっしゃっているように東京や大阪に暮らすことの不具合が見えてきますね。

内田 教会の建物を見ているだけで、ここに霊的なコミュニティが存在することがわかりますね。

釈 はい。目の前に海がある生活、景色もすごいです。

内田 世界中のカトリック信者が来て、このあたりで「ド・ロ饅頭」とか買っていくの、いい

大野教会堂。

と思いませんか。

釈 そうですね。その路線でいきましょう。こうやって坂道を上がってくる感じも、世界のカトリックの皆さんにはだいぶ楽しんでいただけるんじゃないですか。

下妻 ちょうど椿が咲いています。ここはちょっと違いますが、五島の天主堂のステンドグラスなんかは、椿をモチーフにしたものが多いです。

釈 へえー、なぜ椿なんだろう。花ごとボトッと落ちるからとか？

下妻 薔薇の代わりだったとも、あるいは四枚の花びらのデザインにして、十字架を表しているともいわれるのですが、やはり殉教のイメージは強いと思います。二十六聖人の十字架の跡には、椿の木が植えられたそうですから。

釈　なるほど。そういえば、よく椿は斬首にたとえられますよね。

内田　それでは皆さん、長崎巡礼の最後ですから締めのアヴェ・マリアを。川上牧師、お願いします。

釈　締めのアヴェ・マリアっていう言い方はやめて下さい（笑）。

（巡礼部、アヴェ・マリアを合唱する）

内田　いいですねえ。前回の熊野の巡礼では祝詞を捧げ、長崎ではアヴェ・マリアを歌う。我々巡礼部はまことに臨機応変です。

釈　節操がないといいますか（笑）。ただ、巡礼部はお坊さんと神主さんと牧師さんがいますから、だいたい日本中どこの聖地に行っても大丈夫ですね。

内田　それにしても長崎応援団である我々としては、とにかくキリシタン八十八カ所を選んで、それを順番に巡るルートをつくらねばならんですな。

下妻　（笑）八十八カ所あるかどうかはわかりませんが、まさに「長崎の教会群とキリスト教関連遺産」が、世界遺産への登録を目指しているところです。[*9]

釈　カトリック教会群を線でつなぐ。そして語り部の養成が必要ですね。

内田　そこですね。長崎は物語性は強いですが、沈黙していますからね。足りないのは向日性ですね。もうちょっと日に向かって明るい感じが欲しいな。

釈　新しい物語を創出するような。

大野教会堂でアヴェ・マリアを合唱する巡礼部。

内田 従来の物語の語り口がかなり固定されていますからね。やはり遠藤周作の影響が大きいですね。遠藤周作自身のキリスト教に対するアプローチがしみこんでいますね。

釈 かつて大阪の河内が今東光から脱出するのに苦労したように、長崎は遠藤周作から脱出するのがたいへんですね。

内田 非常に力強い文脈が存在すると、別の物語は成立しにくくなりますね。

釈 ここは何とか遠藤周作を相対化しなくてはなりません。いま、河内は今東光の相対化が一段落して、もう一度彼を評価し直そうということになってきています。それと同じプロセスが必要でしょう。長崎は遠藤周作のストーリーがあまりにもよくできているだけに、なかなか脱出できませんが。

内田 強い物語からはなかなか離れられない

んです。弘前と太宰治、熊野と中上健次のように。

釈 そこにはやっぱりトリックスターが必要な気がしますね。うまく茶化したり、パロディ化したりする人が。

内田 強烈な語り手が登場すると、風景の解釈が固定されてしまうということがあるんですよ。それは必要なものなんですけれど、ある土地についての物語はやはり複数のレベルで、複数の語り口によって語られる方がいいんじゃないかな。もとからある物語も、他の物語が並立することでまた活力を得るわけですから。

釈 いくつかの物語が交錯するから、その土地がくり返し息を吹きかえすわけですね。その理屈でいくと、今回、甚大な被害を被った東北も、とても豊かなエトスのある土地なので復興は間違いのないところなんです。ただ、長崎の原爆のように「原発」というどうしようもないものがあって……。ほんまにあれさえなければ。

内田 ヒューマンスケールを超えた出来事はなかなか物語に回収できないんです。

釈 長崎も、カトリックの受難の物語だけじゃなく、ヒューマンスケールを超える原爆が……。

内田 カトリックの受難は人間のドラマですが、原爆は人間のドラマじゃないですから。原爆を設計したオッペンハイマーやB29のパイロットの物語があっても、それは原爆についての人間のドラマではない。原発も同じです。正力松太郎、中曽根康弘、歴代の東電会長とか、いろんな人が個人としては日本の原子力政策にはコミットしていますが、彼らについてのドラマを書いても、原発のことを書いたことにはならない。自分ひとりの倫理的な決断で原爆や原発の開発を止めたり進めたりできた人間なんかいないんですから。トルーマンだって、日本への原爆投下は止められたかもしれないけれど、原爆の開発は対ドイツ戦、対ソ連戦という国際情勢に強いられたものですから、彼自身では止めることはできなかった。

邪悪さというのは、どこからか「スケールの問題」になるんです。人間が制御できないものは人間世界に持ち込んではいけない。人間の物語に回収できないんですから。人間の身体を破壊するために設計された武器と、都市や文明を破壊する目的で設計された武器は本質的に違うものです。殉教は人間が人間を殺しているので、殺した人間と殺された人間にフォーカスすればその出来事の意味を考究することができる。でも、五二〇メートル上空で爆発させて十万人を一瞬で焼き殺す出来事にはもう人間が関与してない。だから人間的なスケールでの救いの余地がない。

片付かない気持ち

釈　この二百年くらいの間で、争いにしても、国家イメージにしても、身の丈じゃないものを次々に生み出してきた。その結果として、ついには大量破壊兵器やコントロールも処理もできないエネルギーにまで行き着きました。

内田　浦上天主堂の上空で原爆を爆発させ、仲間の外国人捕虜がいる収容所まで破壊してしまったわけでしょう。ドイツのドレスデン爆撃[*10]もそうでしたけど、それ以前の戦争とはそこで変わってしまったという気がするんですよ。キリスト教の教会がある場所にキリスト教徒が爆弾を落としたり、同国人がいることがわかっていて原爆を投下するというのなら、落とす側にもっと深刻な葛藤があっていいはずなんです。それが感じられない。

釈　先生の著書『ためらいの倫理学』では、そこに顔があることによってためらいが生ずる、という倫理を説いておられますよね。それがまったく起こりようがない。

内田　原爆を落とした飛行機の爆撃士を責めようとは思いませんけれど、それでもやはり内面の葛藤はあって欲しい。投下命令を出したトルーマンにも、内的葛藤があって欲しい。葛藤があれば、アメリカの大統領が謝罪に来ることもあると思うんです。[*11]

釈　アフガンやイラクでの戦争になると、もうテレビゲーム感覚で爆撃のスイッチを押している。

内田　無人飛行機のコントローラーを持っている人に、自分が人を殺しているという実感はないでしょうね。というか、人を殺している実感がないままに効率的に人を殺せるシステムを開発しないともう現代では戦争ができないということになったんでしょう。

釈　ますます事情は悪くなっていますね。

内田　B29のパイロットが生涯にわたって悶々と苦しむのって必要なことだと思うんです。その人が個人的に苦しんでも、死者が生き返るわけじゃないし、戦争がなくなるわけでもない。それでも、個人の資格で、自分が犯した罪の重さに苦しむということは絶対になければならないと思う。そういう「苦しんでもどうにもならない」ということの積み重ねによってしか、戦争は抑止できないんです。

釈　爆撃機の乗組員に重大な責任があるという話ではなくて、その人も苦しんだという物語を語っていかないとダメなんですよね。

内田　個人的にどれほど苦しもうとも、殺した事実は変わらない、殺された人は生き返らない、だから無意味だというのは悪質なニヒリズムです。システムに対して我々が抗せるのは屈託とかやり切れなさとか、そういうどうしても片付かない気持ちなんです。片付かない気持ちってね、思っている以上に現実変成力があるんです。

釈　長崎へと世界中の心あるカトリックの信者たちがきてくれれば、原爆も何とか物語に取り込んでいけるかもしれません。共に泣いてくれる人も大勢出てくるでしょうから。

内田　核廃絶と原子力発電をやめることで世界の民意がひとつになれば、人間が人間の力を超えるものをついに制御したことになるんでしょうけど。

釈　やはり浦上天主堂は破壊された姿のまま残したかったですね。長崎が世界にメッセージを発信する象徴になったでしょうから。

内田　原爆ドームと浦上天主堂では発信されるメッセージの水準が違いますから。広島の原爆ドームは産業会館という実用的な建物ですけど、天主堂はカトリックの聖堂です。「君たちは原爆でこれを壊したのだ」と突きつけられたときの衝撃がまったく違うでしょう。

釈　それだけにアメリカも必死で撤去させようとしたんでしょうね。

内田　もともと廃墟の撤収に緊急性なんてあるわけないじゃないですか。それより病院や学校をつくるほうが優先するでしょ。

釈　昨日の下妻さんのお話では、当時の長崎市長はもともと天主堂を残そうとしていたのに、アメリカへ訪問したあと方針が変わったとのことでしたね。

内田　やっぱりねえ。元の姿が残っていたら世界的な核廃絶のシンボルになっていたでしょうに。

釈　行政の長を選ぶことの重要性を痛感しますね。やっぱり教育、文化、宗教に対する知見のない人は選んじゃだめです。

内田　まあ、アメリカで「撤去しないとひどい目に遭わせるぞ」って脅かされたんでしょうけれど。ほんとうにね。あ、空が晴れましたね。

釈　空に虹がかかりましたよ。

下妻　マリア様に後光がさしています。

釈　最後の最後にパッと晴れましたね。まるで巡礼部を祝福していただいているようですね。

二日目を振り返って（バスの中で）

日本的な決着のつけ方

釈　皆さん、おつかれさまでございました。それでは最後にバスのなかで、本日の巡礼を内田先生と簡単に振り返ってみたいと思います。

まず朝一番に訪れたのがサン・ジワン枯松神社でした。素晴らしいところでした。キリシタンの人を神社にお祀りすることで、その地域の誰もが祈れる宗教施設となっていたわけですが、ああいう決着の仕方があるのかと感心しました。行く途中の参道というか山道もよかったですし、祈りの岩場もありました。

内田　神社のご祭神がサン・ジワン様ですからね。おっしゃった通り、決着のつけ方がすごいです。キリスト教、仏教、神道、みんなちょっとずつ習合させて、三方一両損的な決着のつけ方をした。まことに日本的なソリューションだと思います。

釈　あの信仰が教線を拡大させて巨大教団になるというのはちょっと考えられないですね。

どう考えてもあの地域から外れちゃうと成り立たない。あそこでしか機能しない信仰の在り方ですから。

釈 ええ。あれはあれで人間の機微を理解した落としどころ。

内田 ほんとうに人間的な感じがしますね。

釈 あの場に関わる誰もが傷ついているでしょうから。そんなに大きくない集落の人たちがいくつかの信仰に分裂した結果、ああいう村が一望できる山の上に宗教施設をつくる。シンプルに、ただ祠としてつくった、そんな感じです。

内田 でも、痛々しい側面もありましたけど。

釈 不思議なものを見せていただきました。

内田 封印された霊性を感じました。それが広がって発展していくことはないけれど、ずっと封印されたまま、その下に何かが生きている。

生活に密接した教会

釈 その後、我々は黒崎教会という、とても気持ちのいい教会を見せていただきました。何か印象に残ったことは?

内田 父祖伝来の宗教を愚直に守っていたら、それが世界宗教のど真ん中だったという奇跡的な経験をした人たちの圧倒的な「根付き感」ですね。

釈　教会の規模も集落に比べてかなり大きい。昨日はキリシタン遺跡を見て歩いたんですが、今日はいまを生きる教会、生活に密接した教会を見せていただきました。そうそう、さきほど我々は移動中に「長崎にはひょっとすると遠藤周作の呪縛があるんじゃないか」という話をしました。

内田　これは今回の発見でしたね。遠藤周作があまりに強烈にこの地域に物語性を与えてしまっている。『沈黙』は強烈な物語なので、結果的にこの地域のキリスト教理解に決定的な影響を及ぼした。

釈　遠藤周作の場合、しばしば共に泣く神が注目されがちですが、その一方で「君は殉教できるのか」と問いつめられるところもあります。

内田　できないだろう、と。でも、もっとキリシタンの心性の解釈には多様性があっていいんだと思います。『沈黙』という物語は力がありますから、ついそれに居着いてしまいますけれど、複数の物語が共生している方が土地にとっては風通しがよいんじゃないですか。

釈　うちの家内は生まれも育ちも河内の八尾なんですが、以前、内田先生に「うちの家内は八尾なんですよ」と言ったら、「八尾の朝吉ですな」といわれました（笑）。完全に今東光の呪縛にかかってしまっている。でも今は、河内といえば荒々しい口調で言葉が汚くてというイメージの呪縛からやっと抜け出しそうなところまできました。長崎のカトリックもその作業が必要じゃないかと思います。

内田　遠藤周作の功績は偉大ですが、強い物語はそれ以外の物語の可能性を限定してしまう。やはりさまざまな種類の複数の旋律が奏でられる、多声的な物語が輻輳する環境の方が僕はいいなあ。

釈　弾圧や殉教だけが主旋律になるのではなく、カトリックの信仰がこの地の文化を育み、生活を生み出し、なおかつ今も脈々と息づいている。そういうストーリーも積極的に語っていく。

内田　長崎の人間はみんな一度転んだ人間の子孫である。これもいいストーリーといえば、いいストーリーですね。全体が膨らんでくる。そういういくつもの複数のストーリーが漂っている場所ほど、文化は厚みを増し、風通しがよくなっていきますから。

釈　我々としては全世界のカトリックの方たちにぜひこちらに来ていただきたいという思いがあります。これだけの紆余曲折を経て、それでもなお四〇〇年間カトリック文化をずっと蓄積してきた場所ですから。もう、ぜひとも来ていただきたい。

内田　マカオやインドにもカトリックの布教と地場の宗教性の葛藤と習合の事例はあるんでしょうけど、長崎にもぜひ足を運んで欲しいですね。物語が豊かですから。

釈　「殉教」「バスチャンの予言」「信徒発見」、どれひとつとってみても、強烈な物語です。

内田　長崎の物語は、この先四〇〇年経ってもまだ残り続けるでしょうね。

釈　その残り香みたいなものが今も根強くあって。

内田　ええ。ちょっと胸苦しいくらい。

釈　数百年にわたって抑圧された信仰の屈託を、解体するだけの時間が経過するまでこの残り香は続きそうです。そして出津教会と旧出津救助院にも行きました。

内田　旧出津救助院では修道女さんのありがたいお話を聞きましたが、「根付き感」がありましたね。自分の故郷で修道生活をしているわけですから。あれはすごいです。自分の子どもの頃を知っている人たちや身内に囲まれる中で、修道生活を送るのって、たいへんだと思います。

釈　ほんとうですね。それと、どこへ行っても感じるのはマリア信仰の強さでした。

信仰の手づくり感

釈　最後には我々は大野教会堂をたずねました。あそこにもマリア像がありましたが、建物がまた独特のただずまいでしたよね。

内田　建築的に素晴らしかった。

釈　どこの国の建物かもわからないような様式が印象的でした。今回はキリスト教関連のいろんな場所を巡礼したわけですが、内田先生はミッション系大学に長く勤められて、プロテスタントの方たちもずいぶん見てこられたと思います。今回のカトリックの人たちと比べると、何か違いを感じられましたか？

内田　ミッションスクールのプロテスタンティズムはやっぱりもっと洗練されていて、ああいうドロドロ感はないですね。

釈　洗練されている。

内田　身体化・土着化したキリスト教は、プロテスタントのなかにもないわけじゃないんです。日猶同祖論は、奇形的に土着化したキリスト教ですけれど、地面に根づいたというよりは、どちらかというと観念のまさった国家主義イデオロギーですから。長崎にあるようなドロドロ感がない。カトリックと違って、プロテスタントは簡単には習合しないんです。

釈　個人という単位が強いので、習合しにくい。理念的・合理的だし。カトリックは懐が深いというか、土俗のものも習合するところがある。

内田「マリア観音」信仰がそうですよね。マリアさまと観音さまは形が似ているからいいんじゃないかって。プロテスタントではそういうことはないでしょう。

釈　デウスも初期は大日如来と習合していたので、真言宗とカトリックはわりと仲がいいんです。高野山にもカトリックのお墓がいっぱいあります。

内田　へえ、そうなんですか。

釈　ド・ロ壁もそうですし、黒崎教会もそうですけど、みんなで泥を練ってひとつひとつレンガを積み上げていった信仰の手づくり感をすごく感じます。農作業しながらミサの日には教会に集まる。そういう地に足の付いた信仰生活が垣間見えましたね。また、十字架のシンボルの力がすごく強かったりとか、マリア信仰が強かったりとか。ロゴスではなく、パトスが表出されている場面がいくつもありました。皆さん、お気づきになったでしょうか。出津救助院でシスターがオルガンを弾いてくださった部屋の正面にマリア像があって、その下には「信」「望」「愛」の三文字が彫られていました。これは日本で布教活動を行なったイエズス会やフランシスコ会が、日本人には三位一体を前面的に出した教義は受け入れられないだろうと考え、信仰のヒーデス、希望のエスペラルダ、そして愛の実践であるアリダーデ、この三本柱で教えを展開したためです。つまり、自分たちのロゴスを押し付けるより、相手に合わせた教えを前面に出した。このあたりもカトリックの戦略性の高さというか、土着への上手さを感じます。

それでは最後に、この巡礼でほんとうにお世話になった下妻さんに今回の巡礼の感想をひと言お願いしたいと思います。

下妻 はい。今回、皆さんとあらためて長崎のキリスト教にまつわる場所を巡らせていただきました。私自身は長崎に住んでいて、長崎のことを書いたり考えたりすることが多いのですが、じつはいままでキリシタンのことはちょっと避けて通ってきたというのが本音です。やっぱりまだまだ微妙な地元の感情が息づいているのを感じますし、キリスト教徒でない人間にとっては、キリスト教に対する後ろめたいような複雑な気持ちが何となくあります。自分自身が迫害したわけではないし、あるいはもはや踏み絵をしなくてもお正月は過ごせるのですが、長崎という土地に暮らしていると、そこにしみ込んだなにかに当てられるというか、じわじわ伝わって苦しいといいますか。

けれど今日、教会で皆さんと一緒に歌わせてもらった瞬間、自分の中にあるそうした気持ちや後ろめたさが少しだけ許されたような気がして、ちょっと涙ぐんでしまいました。自分ひとりではなかなか回れない場所をこうやって皆さんとご一緒できて、キリスト教なので「成仏した」というのはおかしいのかもしれませんが、たしかに成仏できた部分があったと感じています。

長崎はまだまだ面白い場所がたくさんあります。キリスト教もそうですし、また違った外国の文化を感じられるところや、おいしいお店もご案内できますので、どうぞまたぜひいらっしゃってください。あ、また虹が出ていますね。ほんとうに二日間ありがとうございました。

釈　下妻さんのおかげで素晴らしい長崎の巡礼となりました。こちらこそありがとうございました。

＊1 バスチャン　伝説的な日本人伝道師。佐賀領深堀の平山郷布巻の菩提寺の下男だったが、神父サン・ジワンの弟子になって伝道を開始したとされる。キリシタン禁教後も潜伏して布教活動を行なったが、密告によって捕えられ長崎で斬首。禁教時代も伝承され続けたキリシタン暦である「バスチャン暦」をつくるなど、外海地方のキリシタン信仰に大きな影響を与えた。

＊2 不受不施派　日蓮宗の一派。法華信者以外の布施は受けず（不受）、法華信者以外の供養を施さないこと（不施）を主義とし、江戸時代には禁圧を受けた。一八七六年に再興、本山は岡山市妙覚寺。

＊3 悲田宗　日蓮宗の不受不施派の一派。

＊4 ロドリゴ　ポルトガル人の若き神父。棄教したフェレイラの真相を知るべく来日するものの、キチジローの密告で捕えられ、拷問などの末、日本人棄教者の命を救うため、踏み絵を踏んで棄教する。

＊5 キチジロー　マカオでロドリゴと出会い、日本入国の手引きをするが、裏切って密告する。その後、捕えられたロドリゴを追って許しを請い続ける。

＊6 フランソワ・モーリヤック（一八八五～一九七〇）　フランスのカトリック作家。第二次世界大戦前は反ファシストの論陣を張り、大戦中はナチスに対する抵抗運動に参加する。一九五二年にノーベル文学賞を受賞。

＊7 デリダ（一九三〇～二〇〇四）　フランスのポスト構造主義の代表的な哲学者。「脱構築」などの概念で知られる。

＊8 レヴィナス（一九〇六～一九九五）　ユダヤ系のフランスの哲学者。フッサールの現象学をフランスに紹介する。第二次大戦中はナチスの捕虜収容所に抑留された。タルムード研究でも知られる。

＊9 二〇一六年、「長崎と天草地方の潜伏キリシタン関連遺産」に名称変更。

＊10 ドレスデン爆撃　一九四五年二月一三～一四日にかけて英米空軍がドイツ東部の都市ドレスデンに対して行なった猛烈な爆撃で同年四月中旬まで続いた。第二次世界大戦末期で、既に勝敗の帰趨は決しており、軍事的にはあまり意味のない爆撃だったとして批判が多い。

＊11 二〇一六年五月、オバマ大統領は現職のアメリカ大統領として、初めて広島を訪問した。

chapter 3

3日目

京都と大阪のキリシタン

妙満寺跡（二十六聖人発祥の地）

←

四条戻橋

←

椿寺（西ノ京ダイウス町周辺）

←

茨木市立キリシタン遺物史料館

←

カトリック高槻教会

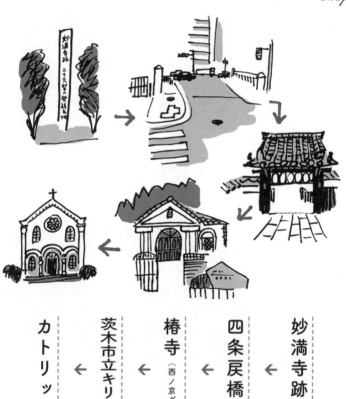

京都・大阪とキリシタン（バスの中で）

足の裏で感じる信仰

釈　さて、今回は京都と大阪のキリシタンの遺跡を巡っていきます。

今日は、熊野・長崎のように、その場に身を置けば、誰もがビリビリと宗教性を感じる、ということにはなりません。上書きが何重にも施されて、ノイズが大きいですからね。今日訪れる地域の奥深くでは、どれほどの信仰が、生と死が繰り返されてきたか――歩いている足の裏で感じ取ってみましょう。そのためには、自らをその場にチューニングしていかなくてはいけません。

さて、まずは京都や大阪のキリシタンの歴史と、二十六聖人殉教について再度、簡単に復習しておきましょう。

一五四九年、フランシスコ・ザビエルが薩摩に上陸します。その後、ザビエルは京を目指すのです。天皇に宣教の許しを得て、大きく教線拡大することを考えたようです。念願が叶い、一行は一五五一年、京都に入ることになります。しかし、時の将軍足利義輝は都を追われ、天皇に会うこともできませんでした。失望したザビエルの京都に滞在した日数はわずか一一日。京都の布教を断念し、日本人五人を引き連れて豊後からインドへと向かいます。最終的には、一五五二年に中国南部で亡くなります。

ザビエルがやって来てから十年の歳月を経た一五五九年、今度はガスパル・ヴィレラという宣教師が京に入ります。ヴィレラはザビエルの経験から、相当な戦略を練って上洛します。その切り札が、九州出身の盲目の元琵琶法師で、ザビエルの説教を聞いてキリスト教に改宗したロレンソ了斎[*1]です。琵琶法師は琵琶を演奏しながら『平家物語』などを語る僧であり、芸能者でもあります。いわば、「語り」の専門家を同行したわけです。彼は日本の宗教に精通していました。そのため、京都の仏教の僧侶をことごとく論破していきます。近畿圏の布教・伝道の成功は、彼の存在が大きかったといわれています。

そして一五五九年に当時の将軍の足利義輝に謁見することを許され、翌年には室町幕府から布教の許可がおります。しかし五年後の一五六五年に、三好義継と松永久秀に足利義輝が殺害されると、一五六五年に伴天連追放令が出され、ヴィレラとフロイス[*2]は京都から追放されてしまう。

しかし、イエズス会にとって救世主が現れます。織田信長です。

一五六〇年に桶狭間で今川義元を破った織田信長は、一五五九年に足利義昭を奉じて上京を果たし、権力を握りました。翌年、フロイスと二条城で謁見した信長は、南蛮貿易に魅力を感じ、フロイスの求めに応じてキリスト教の布教を許し、保護します。信長は大坂本願寺や比叡山延暦寺などの僧兵に苦しめられていましたから、布教を許したのは、そのような勢力への反発からともいわれています。

織田信長の居城、安土城が完成した一五七六年には、京都にはじめての南蛮寺が（なんと三階建てです）建てられます。これには高槻の城主だった高山右近たちが協力しました。今日は高槻にも行きます。みなさんもご存知のザビエルの肖像画が発見されたところです。お楽しみに。信長に謁見したヴァリニャーノは許可を得て、安土にセミナリヨを設置、宣教師の熱心な布教もあり、京都でキリシタンは急増していきます。

後発組のフランシスコ会

一五八二年の本能寺の変のあと、権力を握った豊臣秀吉も最初はキリスト教を優遇します。しかし、急速なキリスト教の普及の活発化に危惧を抱き、脅威であると見なすようになります。キリシタン大名と呼ばれた高山右近などは、主君の命よりも信仰が先立つと表明するのですから。そして、一五八七年に、伴天連追放令を発布します。ただ、南蛮貿易の実利もあり、黙認という形のゆるやかなものでした。

しかし、追い打ちをかけるように一五九六年にサン・フェリペ号事件[*3]が起こり、同年に再び禁教令を発布します。そして、翌年の一五九七年に京都で二十四人（その後二十六人になる）が捕縛され、最終的には長崎で処刑されることになります。

このあたりの事情は、イエズス会に比べて後発組のフランシスコ会の動きがポイントです。イエズス会はポルトガル貿易で資金も潤沢で、日本の大名ともうまく折り合っていました。ところがフランシスコ会は少々原理主義的です。清貧で情熱的です。ボロを着て素足で歩き、ハンセン病の人たちの足を洗い、その足にキスをする――。そのような行為を見て、取り締まりの役人すら感動に打ち震えたといいます。だから、二十六聖人の殉教者の大部分はフランシスコ会です。

今日の巡礼は、その二十六聖人が捕まったまさにその場所からスタートします。

二十六聖人の足跡（二十六聖人発祥の地と一条戻橋）

二十六聖人の碑

釈 さて、ここでバスを降りましょうか。まだキリスト教を容認していたころ、豊臣秀吉は旧妙満寺跡のこのあたりの広大な土地を宣教師たちに与えました。そこで彼らは熱心な医療や福祉、教育活動を行ないます。キリスト教の得意技ですね。キリスト教的都市は、必ず病院と学校がセットで建設されていきます。

内田 やはり病院ですね。だからこの京都四条病院にレリーフがあるというわけですね。

釈 「SUS　OBRAS　HABLAN」と書いてあります。スペイン語で、「彼らの功績を語る」という意味だそうです。二十六聖人を讃えているわけですね。

書かれている内容を要約すると、妙満寺町に一五九四年フランシスコ会のペトロ・バプチスタ神父により聖マリア教会、病院、学校、スペイン使節館が建てられた。同神父をはじめ、二十六聖人はほとんどここで活動した人であり、聖アンナおよび聖ヨセフ病院は京都最初の

京都四条病院に掲げられている銘板(2016年11月で閉院)。

西洋式のもので貧しい人が多数収容された、とあります。

内田 なるほど。

釈 ここに書かれている妙満寺跡はすぐそばです。そちらに行ってみましょうか。

妙満寺跡

釈 さて、妙満寺跡に着きましたが……このような石碑があるだけなんです。That's all. です。

内田 この辺一帯に妙満寺というお寺があった、というわけですね。

釈 相当大きくて、「ダイウス町」と呼ばれていました。ダイウスとは、デウス神のことです。

巡礼部 このあたりって、京都の中ではどういう土地なんですか。

妙満寺跡、二十六聖人発祥の地の石碑。

釈　中心部ですよ、四条通りですから。時代によって洛中の範囲は異なりますが、おおよそ東寺が南端で、真ん中に御所があって、西陣あたりが北端というのが中心部です。宣教師たちが都の中心地で活躍していたことがわかります。それにしても、先ほど見た京都四条病院のように、京都は何回も上書きされているのに、その糸が切れずに今日に至るまでつながっているのは、宗教の根強さでしょうね。信仰というのは弾圧や虐待でもなくなりませんからね。

内田　う〜ん、でも、場所の記憶みたいなものがここは微弱ですね、さすがに。

釈　はい。

内田　僕にはヒットしないですな。上書きが多すぎるから。二十六聖人の頃からもう四二〇年ですか。

釈　京都という地はそれほど古いものは残ってないですからね。ザビエルが上洛した時代も、応仁の乱後でかなりひどい状況だったようです。その後も争いでくり返し焼失した土地です。だから、京都の人は意外と新しい物好きなんです。

一条戻橋へ

内田　さて次の目的地、一条戻橋に着きました。バスで十分ほどでしたね。

釈　はい。特徴的な名前ですね。少し説明します。昔は京都の北端で、人間がコントロールできる領域はここまでで、ここから先が魑魅魍魎が往来する異界というイメージだったんでしょう。たとえば葬列などもここまで送れば終了だったようです。

先ほど二十六聖人発祥の地を訪れましたが、あそこから出発した聖人たちはここで耳と鼻を削ぎ落とされ、長崎に向かって出発しました。ちなみに、千利休の首もここでさらされました。安倍晴明も住居を構えていて、この橋の下に式神を飼っていました。すぐ近くには晴明神社もあります。

内田　なるほど。

釈　また、ここにある案内板を見ると、こんな伝説もあるようですね。

「源頼光[*4]の筆頭の渡辺綱[*5]が夜中に戻橋のたもとを通りかかると、美しい女性がおり、夜も更けて恐ろしいので家まで送ってほしいと頼まれた。綱はこんな夜中に女がひとりでいるとは怪しいと思いながらも、それを引き受けて馬に乗せた。すると女はたちまち鬼に姿を変え、綱の髪をつかんで愛宕山の方向へ飛んで行った。綱は鬼の腕を太刀で切り落として逃げることができた」

我々の「聖地巡礼」の出発点となった大阪天満宮にまつわる渡辺綱とつながりましたね。大体みな水路や水脈でつながっている。

内田 川があると渡辺氏がいるわけですね。

釈 結界には渡辺あり、っていう感じです。さて、堀川に降りてみましょうか。散歩道としては気持ちがよさそうなところです。

あまりおどろおどろしさはないようなデザインになっていますね。のどかな感じがします。

下妻 都の人はどんな感じで聖人たちを送ったんでしょうか。

釈 二十六聖人の時は、都の人は冷ややかで、カルト教団が罰せられているような感じだったみたいですよ。そのほんの数年前まではすごくシンパシーを感じて、立派な人たちだと思っていたようですが。追放令が出ても、外国人の信仰は認められていましたし、大っぴらに伝道や布教をしなければいい、といった調子だったらしく、都の人もクリスチャンを迫害することもなかった。でも、二十六聖人殉教のあたりで急激に潮目が変わった。先ほどもお話ししましたが、フランシスコ会など後発の人たちがちょっと過激だったこともあるかもしれません。

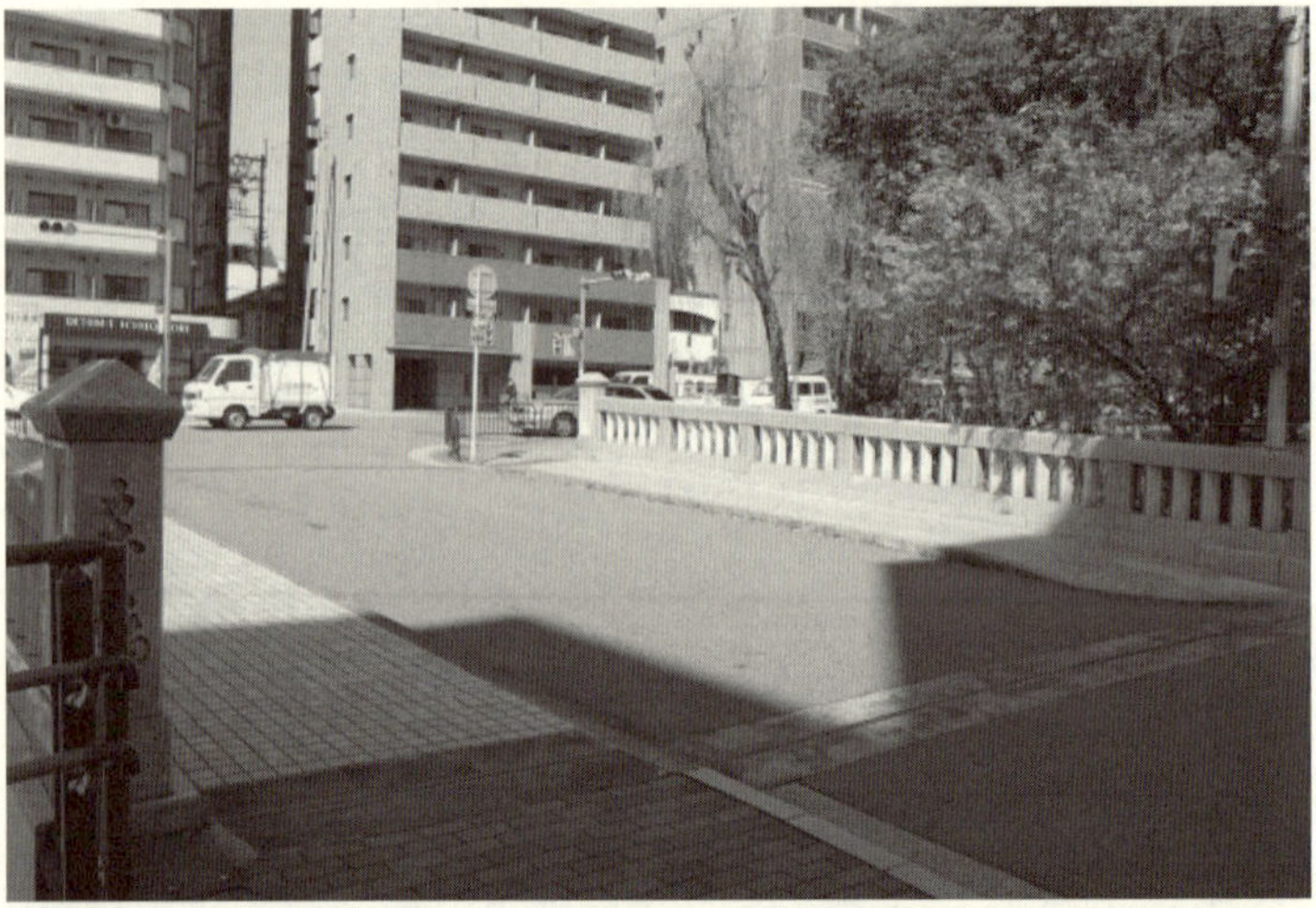

一条戻橋。

一条戻橋の下は遊歩道となっている。

内田　イエズス会がずっと仕切っていたら、キリスト教は禁令にならなかったかもしれないですね。

釈　その可能性もありそうです。

内田　中国がそうでしたよね。イエズス会は明代に宮廷に入り込んで、多くの宮廷人を改宗させることに成功しました。特にヨーロッパの科学技術を持ち込んで、それによって知識人層の関心をつかんだことが大きかった。でも、後にやってきた修道会は、イエズス会に比べるとはるかに原理主義的で、祖霊崇拝の儀礼をすべて否定した。祖霊崇拝を否定した教皇回勅が出て、それが皇帝の逆鱗に触れて以後キリスト教は禁教となります。イエズス会がそれまで百五〇年にわたって展開してきた中国におけるカトリックの布教活動はここで途絶えてしまいます。今思うと、ほんとうにもったいないことをしたものです。

釈　日本の場合とよく似ていますね。イエズス会はなかなか戦略的です。権力者と通じて、そこから土着させていくというような。

内田　基本的に「ありもの」の統治システムや血肉化した宗教儀礼には手を着けないということなんでしょう。でも、その辺のさじ加減を間違えるといきなり禁教ということになる。日本でも、イエズス会に寄進されていた長崎、茂木、浦上は秀吉にすぐ没収されますね。

下妻　その境、かつては別のエリアだった長崎と浦上の境が西坂です。西坂は二十六聖人が処刑された場所です。

釈　そうか、どうしても境界が気になるな。やはり、坂、橋、川……。

内田　それと河原ですね。「ノー・マンズ・ランド」、誰ものでもない無縁の土地ですね。そこで処刑が行なわれ、「河原者」たちの遊行の芸の小屋がけも行われる。

聖遺物への信仰

下妻　ちなみに、西坂はもともと刑場でした。アビラ・ヒロンさんというスペイン商人の詳しい記録があるのですが、それによると、二十六人の十字架を立てる穴を掘りはじめたところ、長崎に住んでいたポルトガル人たちが「いつも刑を執行する所からは、ちょっとずらしてくれないか」と頼むんです。やはり特別な人たちですし、後々聖地や教会になるだろうから、と。それが聞き入れられました。

当時の長崎はみんなキリシタンなので、処刑する方が「マイナー」です。たとえば、阪神ファンの中で阪神の選手を処刑するようなものだというんですね。処刑する方も、あまり強く出ると、自分たちがやられてしまう恐れがある。

内田　わざわざ長崎でやったというのは、キリスト教信者に向けたみせしめだったんですか。

下妻　都では冷ややかに送られたようですが、長崎では熱狂的に迎えられ、彼らを一目見ようと町中から人が出てきました。

内田　みんなお祈りを唱えながら。

下妻 でも日本人が近づこうとすると、棍棒で殴られたらしいです。ただ、西坂って、ちょっと高台に登ればどこからでも見えますし、屋根の上に乗った人もいたようです。山に囲まれた長崎は、音もよく響きますので、二十六人が十字架にかけられる時には、まわりから泣き声、叫び声、すすり泣き、うめき声……それが遠くまで聞こえたそうです。

内田 祈りの声の中で……。

下妻 もう、長崎中がとどろいていたと。

内田 それはかなり劇的な光景ですな。

釈 そして遺体をみんなが持って帰った。バラバラにして。聖遺物信仰です。

下妻 不思議なことに、二月に処刑されて八月まで、半年も腐らずにいたようで、八月十日に平戸に出かけたアビラ・ヒロンさんは「そっくりそのままの彼らの遺体に別れを告げた」と記しています。その後、マニラの総督が引き取らせてくれとやってくるのですが、それに対してOKが出たという知らせが伝わり、あっという間に長崎の人が持ち去ってしまいます。

釈 宣教師が本国に書き送った手紙で、聖遺物として遺体を確保しようと思ったけど、探すのが大変なんだ、というのを読んだことがあります。

内田 ヨーロッパでも、聖人が亡くなってその遺体が教会から出て来ると、市民たちが手に手に小刀を持って殺到して全身を切り取って、あとは髪の毛一本残らないんだそうです。ピーター・グリーナウェイの『ベイビー・オブ・マコン』[*6]という映画にも、処女の母から生まれたという赤ちゃんの死体が聖遺物に認定されて、人々が手に手にナイフを持って、赤ちゃんの死体を切り刻むというショッキングなシーンがあります。聖遺物というのは、非常にご利益のあるものらしくて、ヨーロッパでは、聖遺物を祀った教会ってよくありますよ。

内田 そうですよね。また、ヨーロッパの教会は、よく聖人の墓の上に建っています。

釈 パリのサン・ドニ教会がそうです。聖ドニはモンマルトルで斬首されたんだけれど、自分の首を手に持って、ここまで歩いてきて、そこで倒れたので、そこにサン・ドニ教会が建った。

釈 よく、キリシタンは本来のカトリックからかなり変形した異質なものだといわれますが、聖遺物への信仰や聖人の信仰はうけついでいますね。

内田 日本の仏教に、高僧の死体をどうこうするってこと、ありますか?

釈 あまり聞きませんね。

内田 髪の毛を取って行くとか。

釈 遺髪への信仰もないと思いますね。お坊さん、髪の毛ありませんので。

内田 焼いた場合の灰はどうでしょう。仏舎利って、ブッダの骨だということですけど、日本まではさすがに伝来してないか。

釈 日本にブッダの遺骨はありますよ、名古屋の日泰寺に。これは近代になってから寄贈されたものです。ただ、世界にブッダの遺骨とされているものはたくさんあって、全部合わせると巨大な人間になっちゃうそうです。

西ノ京ダイウス町を歩く（椿寺）

釈　さて、午前中はさまざまなところに次々と移動しています。バスで円町駅の近くにやってきました。このあたりは西ノ京ダイウス町と呼ばれていたそうです。これからずっと歩いて行きますが、随時足を止めて感度を高めていただきたいと思います。最終目的地はそのキリシタンのお墓がある椿寺となります。

みなさん少し集まってください。ちょっとキリスト教からは離れますが、ここで、慈雲という お坊さんが亡くなられています。

慈雲は江戸時代の人で、大阪・中之島の商人の息子で、仏教の原型を求めてサンスクリット語を独学します。経典を解読して、インドの袈裟をまとい、「十善戒」という仏教の基本的な生活規範・生活目標をベースに置いた教えを展開しました。初期仏教への回帰を目指したんですね。

石碑には、「元阿弥陀寺跡　慈雲尊者　遷化之霊地」とある。

これがけっこう商売人たちの心にフィットし、多くの影響を与えました。一時期中之島の商人たちは右手にそろばん、左手に「十善戒」などということだったそうです。ちなみに、この場合の「戒」は、神との契約ではなく、原語は「シーラ」といいまして、習慣づけるというような意味です。

内田　早寝早起きとか。

釈　生き物を殺さないとか、嘘をいわないとか。朝、歯を磨かないと気持ちが悪いのと同じような感覚で、生き物を殺すのには抵抗がある、嘘をいいたくない、そういう心身を養っていこうというわけです。

では、引き続き歩きましょう。それにしても、京都はどこの路地に入ってもストーリーがありますね。誰々の死んだ場所とか、何々の事件があったとか。

内田 キリシタンは、このあたりに固まって住んでいたんでしょうか。

釈 教会があって、外国人もたくさんいた都市っていう感じだったと思います。ロレンソ了斎もこのあたりに住んでいたはずです。彼は南蛮図屏風に書かれるほど有名人でした。

内田 それにしても、元が琵琶法師っていうのが面白いですよね。あと、宗論ですね。ハビアンもそうでしたけれど。かなりはげしい論戦をするんですよね。

釈 ハビアンとロレンソは親しかったんです。ロレンソの方が先輩で、ハビアンはだいぶ影響を受けたと思います。信長も秀吉も、宗論をやらせて、勝敗を決めたりするのが好きな性格だったんじゃないでしょうか。

しかし、江戸時代になると、宗論は禁止されます。幕府の宗教政策です。各宗派が共存するようにコントロールされました。だから、日本の仏教各宗派の宗学は江戸時代に精緻化します。

徳川家康の森林保護

内田 徳川家康は明らかにその前の二人、織田信長と豊臣秀吉とは違う統治原理の人だと思います。織田と豊臣は、どちらも成長論者でしたし、中央集権的なシステムをめざした。でも、徳川家康は違う。経済的には定常経済、統治システムも三百諸侯に領地を分配しての封建制を維持した。家康には信長や秀吉のような中央集権志向がないんです。だから、徳川時代二五〇年間、ほとんど日本社会は変化していない。人口も二六〇〇万人から二七〇〇万人の間で、ほとんど増減がなかった。際立った施策は、森林保護なんです。戦国時代まではじゃんじゃん山の木を伐採して、築城や製鉄に使っていた。特に製鉄は大量の木材を消費した。そのせいで、戦国末期には日本の山は次々と禿げ山になっていった。その森林の保護を徳川政権が行った。ジャレド・ダイアモンドの『文明崩壊』によると、人類史上で、文明による自然破壊を政治権力が介入して停止させた事例は徳川時代の日本だけだそうです。尾張藩では「木一本で首一つ」と言われたそうですから。それだけでも、徳川幕府がかなり特異な社会観に基づく統治システムであることがわかると思います。

鎖国というのも、よくよく考えると実に大胆な政策なんです。強制的に歴史の進歩を停止させようとしたんですから。経済を定常化し、社会のかたちも定常化しようとした。レヴィ＝ストロースがいうところの「冷たい社会」、「歴史のない社会」を所与の歴史的条件の下で実現しようとしたわけですから。貨幣経済や貿易についても、ある段階からは進度を遅らせた。その方が人間は幸福だと考えたんでしょう。これは独特の統治理念の実践だったと思いますね。

釈　そうなんですか。

内田　日本を三〇〇の諸藩を分割して、自治させたでしょ。徳川幕府自身、相対的には最大領土を持つ封建領主ではあるけれど、信長や秀吉のように、中央集権的な統治機構ではなかった。統治システムの安定という意味ではよく練られた仕組みだったと思いますよ。列島が三〇〇の小さなセクションに分割されていて、それぞれが基本的には自給自足している。言語も食文化も生活習慣も祭礼や芸能も、それぞれに固有のものがあった。どのセクションも全部「国」と呼ばれた。「お国自慢」も「お国なまり」も「国境《くにざかい》」も、日本語の「国」の使い方の多くは幕藩体制における藩のことです。幕閣も徳川家の家臣団で形成されていたわけではなく、諸侯たちが集まった合議体だった。それ以上大きな「日本という国民国家」の概念は、江戸時代には一般の人は持っていなかった。これは、かなり性根の据わった統治理論を持ってないと維持できないですよ。諸侯に対しても、資本の蓄積を抑制したでしょ。参勤交代とか。

釈　だから浪費させるんですね。

内田　かたちとして残らない「消えもの」的な文化的なソフトウェアへの投資が進んだのはそのせいだと思う。美食とか、芸能とか、お洒落とか、俳諧とか、南画とか、お茶とか、お花とかって、全部あとにかたちが残らないものでしょ。参勤交代なんてその最たるものですよね。行って帰るだけのことに莫大な費用を投じるんですから。「穴掘って、埋める」のと変わらない。沿道の宿屋とか茶店とか馬方とかには多少のトリクルダウンはあるでしょうけど、所詮は全部「消えもの」です。莫大な費用をかけながら、かたちあるものを後に遺さない。

経済活動は行うのだけれど、それによって自然を破壊したり、社会の仕組みを変えたりすることはしない。この定常経済ルールが江戸時代には徹底してた。

成熟社会のモデルに

釈 大体日本人の馬鹿馬鹿しい遊びとかナンセンスな楽しみ方って、ほとんど江戸時代にできていますよね。

内田 茶室に贅を尽くすとかね。そういう「かたちのない消費活動」が江戸時代の経済戦略だったと思います。日本の歴史のなかで、この二五〇年間だけがやはりきわだって特異ですよ。鎖国にしても、参勤交代にしても、日本史の教科書を読むと「徳川幕府だけが政治権力と財力を保持できるようにした」という政策的に合理的な説明がされていますけれど、僕はそれはあくまで定常的なシステムを維持するための手段だったと思う。だって、中央政府が権力と財力を占有したら、ふつうはそれを使って、国家的事業をするはずじゃないですか。万里の長城を築くとか、海外植民地を切り取るとか、国語を統一するとか、宗教を統一するとか、そういう「統一的なこと」を目ざすはずなんですよ、ふつうは。どこの国でも統一すると権力者は「そういうこと」をするんです。現に、信長も秀吉も「そういうこと」をしようとした。でも、家康はしなかった。これはやはり彼に独特の哲学があったからだと思う。そういう政治史的「常識」を退けるだけのパーソナルな哲学的あるいは宗教的なアイディアがあったんだと思います。「徳川レジーム」のオリジナリティということを肯定的に評価する歴史家がどれくらいいるのか、僕は知りませんけれど、江戸時代は世界史的実験として、もっと高く評価されていいと思いますよ。

釈　うまく解読すれば、これからの成熟社会のモデルになり得そうですね。

内田　定常的な統治システムを作って、二世紀半維持した例があるんですからね。

釈　一方、その前の信長や秀吉は「成長型」。

内田　この二人はグローバリストですよね。でも、戦国時代にはすでにこのタイプのグローバリストはもう出て来ていた。だから、この二人を日本のサラリーマンたちは大好きですよね。「徳川家康が大好き」って人はあまりいない。でも、「鎖国」とか「定常経済」とかって、よくよく考えると実に大胆きわまりない発想ですよ。今のアメリカだって、実はある種の「鎖国」をしようとしているわけじゃないですか。全世界中をすべてアメリカ的システムに統一して、アメリカの覇権を半永久的に固定化して、世界中の富がアメリカに排他的に蓄積されるような固定したシステムを作るというのが、アメリカン・グローバリズムの夢ですけれど、これもよくよく考えると、「アメリカに権力と富が集中して、もう変化しない」千年王国みたいなものを作ろうとしているという点では「定常系」をめざしていると言える。アメリカは世界のラディカルな変化なんか全く望んでないんですよ。

釈　変化を望まない、という意味でいえば鎖国だと。

内田　「パックス・アメリカーナ」が永続することを願っているという点では、今のグローバル化した世界というのは実は、アメリカ的な鎖国なんですよ。アメリカの支配、アメリカが定めた世界標準を覆すようないかなる新奇な思想も政治勢力も登場できないような仕組みを作ろうとしているんですから。アメリカは地球規模での鎖国をめざしているんです。

釈　鎖国を目指すグローバリズム（笑）。

内田　だから、アメリカからは、今のイスラーム圏の十六億人が江戸時代における「西国大名」みたいなものに見えているんだと思う。「パクス・アメリカーナ」の千年王国構想を覆す可能性がある最大勢力はイスラーム圏ですから。かつては「パクス・アメリカーナ」に対抗できるだけの指南力のある政治思想を語っていたロシアも中国も、いつのまにか指導者たち自身が「金さえあればそれでいい」というアメリカン・グローバリズムの思想に屈服してしまった。残るのはイスラーム圏だけなんですよ。ここを抑え込めば、アメリカによる「世界の鎖国」が完成する。

釈　しかし、イスラーム圏は屈服しない。また、折り合うこともできない。

内田　イスラーム教徒はモロッコからインドネシアまでに拡がるグローバル共同体なんです。宗教と言語と食文化と倫理と生活文化のベースを共有しているわけだから。ここを全部アメリカン・グローバリズムに塗り替えることは無理です。そもそもイスラーム諸国はすでにグローバル共同体を形成しているんですから、それに向かって「グローバル化しろ」って言ったって意味ない。だから、イスラームに対して、アメリカは二段階戦略を立てている。まず「国を作れ」と命じる。イスラーム共同体を一旦解体させて、相互に潜在的に敵対的な国民国家群に離散させる。次に、そうやってできた「弱い国民国家」をひとつひとつ軍事的・経済的に潰していって、改めてアメリカが主導するグローバル共同体に編入する。

釈　領域を確定した国民国家になってくれないと、アメリカは打つ手がない。

内田　そうなんです。アメリカン・グローバリズムは国民国家に対しては「効く」んです。そんな国境線の内側にこもって、固有の言語とか価値観とか度量衡とか通貨とか後生大事に抱え込んでいると「グローバル化する世界」にキャッチアップできないぞと脅かすと、どこの国も震え上がる。だから、アメリカとしては、世界各地にあるさまざまなサイズの共同体を壊して、国民国家やあるいはそれ以下の集団に分離解体させることが急務となる。その上で、「国民国家なんていう時代遅れの、内向きの仕組みじゃ、グローバル化する世界についてゆけないぜ」と脅しをかけて自分のグローバル共同体に組み込む。なんか、やくざの全国制覇のプロセスとあんまり変わらないですね。

情報分析能力が高かった日本

釈　一時期、中東のイスラム圏も欧米型近代国家のストーリーに乗りかけていた時期もありましたが、結局はダメだった。

内田　サウジアラビアとか、イランとか、エジプトとかも、一度はアメリカの世界構想に乗りかけましたけど、結局中東と北アフリカでは「潜在的に敵対的な領域国家への分裂」までは起きたけれど、それはテロと内戦とクーデタだけが延々と続くという国民国家の液状化しかもたらさなかった。かつてはこの地域にオスマン・トルコ帝国というグローバル共同体があって、それなりに安定的な統治が行われていたんですけれど、第一次世界大戦でオスマン帝国が解体したあとは一〇〇年間政情不安定なままです。欧米がここに手を突っ込んでやろうとしたことはことごとく失敗した。

釈　欧米のシステムや価値感をおしつけても、どこかで歪みが生じる。具合の悪い政府ができる。人々の不満が増大する、といった調子ですね。そう考えますと、安土桃山の終わりから江戸の初めの人々も、自分たちの社会においてキリスト教的領域がどんどん浸食してくることへの抵抗感はあったでしょうね。

内田　宣教師は好むと好まざるにかかわらず日本列島のグローバル化を進めてしまうからでしょうね。日本人は当初は外来の科学技術の導入に対して貪欲でしたけれども、どこかの段階でブレーキがかかった。僕はどうしてブレーキがかかったのか、それが気になるんです。フィリピンにはスペイン軍がいて、グローバル化が進むとスペイン軍が列島に上陸して、日本が占領されるかもしれないという恐怖があったというようなことを日本が「内向き」になった理由に挙げる人がいますけれど、僕はそれは違うと思う。信長や秀吉の時代の日本の統治者たちは、海外についてもかなり信頼性の高い情報を有していたはずだからです。アジア各地にフィリピンにもシャムにも日本人町があり、人々は東シナ海、南シナ海を頻繁に船で行き来していた。

釈　だから、スペインが日本を占領するのは無理だとわかっていたのですね。

内田　当時の日本の軍事力をもってすれば、秀吉の軍がスペイン兵を追い出してフィリピンを占領することだってできたはずです。その後もしスペインと全面戦争する覚悟まであったかどうかはわかりませんけれど。どちらにしても、フィリピンのスペイン兵を怖れたということはないと思う。

釈　スペインの斜陽ぶりを知っている人もいたでしょう。

内田　東アジアに限って言えば、当時の日本の政権の方が、マドリッドの政府よりも、情報収集力も分析力も圧倒的に高かったはずですよ。

前に、アメリカのどこかの大学で、日本史の授業で、島原の乱に関するレポートを書かせたら、学生全員が「島原の乱の背景にはイエズス会がいて、イエズス会が操作していた」というレポートを書いてきたので、課題を出した先生がびっくりしたそうです。何でかなと思って調べたら、「ウィキペディア」にそう書いてあったんですって。学生たちはそれをコピペしたので、みんなそう書いた。でも、これは嘘ですよ。イエズス会士たちが個人的には島原の乱に対して同情的だったのは当然ですけれど、修道会として他国の内戦にコミットするということはしないでしょう。でも、そういう「陰謀集団がすべてを陰で操っていた」という話は歴史解釈において知的負荷を劇的に軽減してくれるので、あまり深くものを考える習慣のない人は飛びついちゃうんです。

だから、豊臣秀吉がスペインの侵略を怖れたのでキリスト教を弾圧したという説明を僕はにわかには受け容れがたいんです。禁教の問題には、政策判断の合理性以上にコスモロジカルな物語がかかわってくるんです。中国における禁教だって、原因は「祖霊崇拝」をめぐる東西の死生観のずれです。別にキリスト教の宣教が清朝に政治的経済的なデメリットをもたらしたからじゃない。日本の場合もそうだと思うんです。でも、日本の「実証主義的」な歴史学者たちは歴史的転換に「幻想」が関与するということを認めたがらない。

戦国末期にキリスト教を日本人が受け容れて、それが拡がって、ある時点で強権的に禁圧された。別に政権の側に、政治経済的に合理的な理由があって熟慮の末に政策転換をしたわけではないと僕は思います。もっと直感的なものだったと思う。為政者が「これはまずい」と思ったんです。この宗教がこれ以上広まると、日本の社会システムだけでなく、列島全体で共有されてきた一種の文化的統合が失われるのではないか、という不安が兆した。

豊臣秀吉はグローバリストの成長論者だったし、徳川家康は定常経済論者だった。立場がまったく違う二人が、それにもかかわらず「キリスト教はダメ」という点では一致した。だとすれば、それは政策レベルの判断ではなく、文化のレベル、霊性のレベルにおいての判断だったんじゃないかと思います。

釈　今回の冒頭でも少しお話しましたが、不干斎ハビアンがキリスト教を棄教してから死ぬ直前に書いた『破提宇子』に、キリスト教国が軍事力で侵略してくることは考えられないと書いています。理由はコストがかかり過ぎるから。でももっと恐ろしいカタチでの侵略はありうると書いている。それは、文化や日本的な宗教心や習俗が乗っとられてしまうという事態です。これほど恐いことはない。そのように論じています。

内田　僕もハビアンと同じ意見だな。ハビアンはアジアにおけるスペインの植民地支配の実状も軍隊の配備についても、当時の日本人の中では例外的に詳しかったはずで、その人が「キリスト教国は軍事的に侵略してこない」と言っているんだから、そうなんですよ。でも、軍事力で侵略してこなくても、それとは違う「何か」が侵略してきて、日本固有の文化的な「何か」がそれによって壊されるということは直感していた。

釈　ハビアンはこの書のなかで、「柳は緑　花は紅」といった道理が壊れてしまうと語っています。

内田　いいね、その言葉。意味わかんないけど（笑）。

釈　（笑）。もともと禅僧ですからね。ただ、日本人キリシタンの中心人物だったからこそ、うまく説明できないような危惧をリアルに感じたんでしょう。

椿寺

釈 あ、椿寺が見えてきました。

内田 あ、そこですか。どうして椿寺っていうんですか。

釈 たぶん椿の花が特徴的なお庭になっているからだと思います。ちなみに椿寺は俗称で、正式には昆陽山地蔵院という浄土宗のお寺です。京都では珍しいキリシタンのお墓が残っています。

内田 さて、これがキリシタンの墓ですか。奥にひっそりとありますね。とくに何も書かれていませんね。名前などが書かれてあったのが、削られたんでしょうか。このあたりのキリシタンなんですから、徳川時代に入る前でしょう。

下妻 長崎では禁制の後は名前を彫らないこともあったようですが。

釈 なるほど。累代に迷惑が及ぶからですね。墓石とは気づかれず手水鉢として長く使われ、後にキリシタンの墓とわかってこの寺に納められたそうです。

内田 なぜ墓であることが発覚したのか、興味がありますね。

釈 そうですね。研究者が発見したのでしょうか。どんな事情でここへ来たのか……。ちなみに天野屋利兵衛[*7]のお墓もあります。商人ですが、忠臣蔵で赤穂浪士を蔭で支援した人物です。結局、捕まってしまいますが、決して白状しない男気に免じて刑を許された、というお

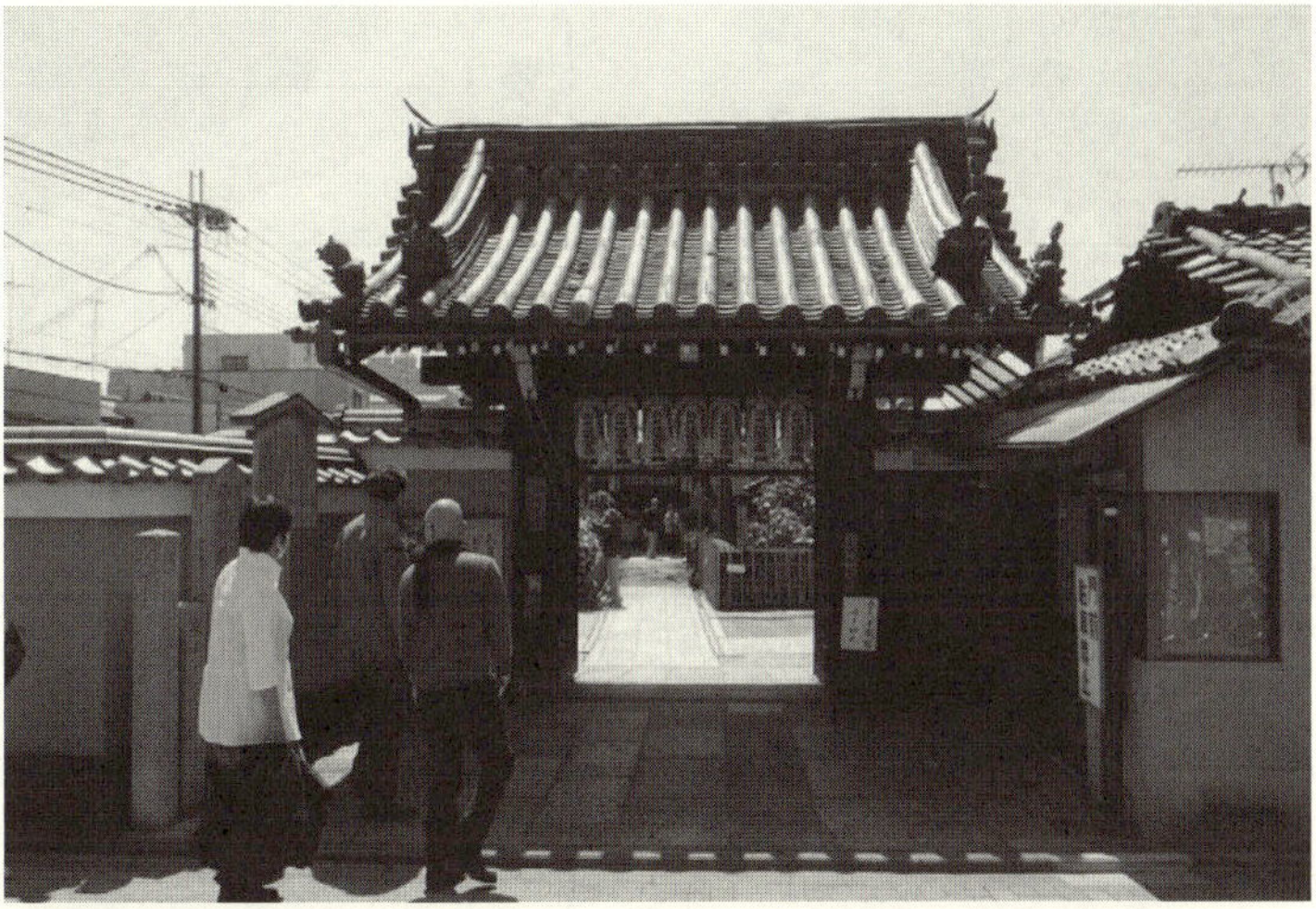

椿寺（昆陽山地蔵院）。

京都には珍しいキリシタン墓。

話が残っています。

路地のストーリーですね。ではお腹も減ってきました。さて、そろそろ昼食としましょうか。

茨木市の隠れキリシタン信仰（茨木市立キリシタン遺物史料館）

キリシタン遺物史料館

釈　さて、バスで1時間ほどかけて、大阪府茨木市の千提寺《せんだいじ》までやってきました。大阪市と京都市の中間に位置する高槻市から、北西の山あいに入った場所ですね。バスを降りて十五分ほど歩いて、ようやく茨木市立のキリシタン遺物史料館に到着です。

ここではまず、ビデオを見せていただくことになっているようです。それを見てから、館内を見学したいと思います。

【ビデオの概要】


茨木市の山間部に位置する千提寺は隠れキリシタンの里として知られている。一五七三年に高槻城の城主となった高山右近が、一五七八年に千提寺下音羽を領地として与えられたことにはじまる。この地域一帯は当時、キリスト教の一大中心地となった。

ただ、豊臣秀吉は一五八七年、キリスト教の布教と信仰を弾圧、徳川幕府もこれにも続き、一六一四年に高山右近はマニラに追放される。それでもこの千提寺に住んでいたキリシタンたちは、隠れて信仰を続けた。この史料館に展示してあるものは、このように豊臣・徳川時代の禁教時代の遺物である。

このような隠れキリシタン信仰が発見されたのは、大正八年（一九一九年）の二月。

明治六年（一八七三年）に禁教がとかれたのちも、千提寺のキリシタンたちはそれを詳しく知らないまま信仰を明かさなかった。明治から大正になり、千提寺の近くの安元にある教誓寺の藤波大超さんが、「千提寺に隠れキリシタンがいる」という噂を確かめようとし、千提寺に住む東藤次郎さんに何度も頼んだところ、なんとか案内の承諾をしてもらえた。しかし、千提寺の墓地をすべて調べたが、何も発見されなかった。最後に東さんが雪の降る日曜日に「うちの山に変わった石がある」と山の中に連れて行った。その大きい石を裏返してみたところ、十字が刻まれた墓碑が見つかった。この「上野マリア墓碑」の発見により、茨木市の隠れキリシタンの存在が証明された。

調査は続いた。藤波氏が東氏に「何か遺物はないのか」と引き続き何度も尋ねると、（東イマは反対していたため説得に長くかかった）一年半後、東氏はとうとう負けてしまい、息子に「蔵へ行って（あれを）出してこい」と言った。それが「あけずの櫃《ひつ》」であった。それは大正九年（一九二〇年）九月のこと。

そこから発見されたのが、有名な「聖フランシスコ・ザビエル像」だった。それ以外にも東家からは多くのキリシタン遺物が発見された。ビデオで発見当時を振り返っている東ユタさん（一九八五年に死去）によると、それらは東家の女性や子どもにも秘密にされていたという。また、ユタさんの祖母から聞いた話によると、踏み絵をさせられたこともあったが、踏むのはもったいないからと、その手前で転んで、這って（踏み絵の上を）通るようにしただけでも許してもらえたという。

千提寺では、東家と続く三つの家でもキリシタン遺物が見つかった。当時で八十歳を超える天保年間生まれの各家の老婆たちは公開すると最初は咎めを受けると恐れていたが、時代が変わったことに気づき、唱え続けられ続けてきたアヴェ・マリアのオラショとよばれる祈祷文も公開された。これらの発見は世界中に反響を呼び、大正十五年（一九二六年）には感銘を受けたローマ教皇施設一行も千提寺を訪れるまでになった。

さらに発見は千提寺の北の下音羽に広がった。これらの千提寺下音羽の菩提寺は高雲寺で、その親寺である崇禅寺にはキリシタンとして有名な細川ガラシャの墓があることで知られる。高雲寺の過去帳は太平洋戦争のさなかに崇禅寺に預けられたが行方がわからなくなってしまった。そのため千提寺下音羽の隠れキリシタン信仰のルーツは謎に包まれたままとなっている。

あけずの櫃。ここに聖遺物が代々伝えられていた。

あけずの櫃

釈　では、これから東家の東満理亜さんにお話を伺います。

東　遺物につきまして、いちばん有名なのはフランシスコ・ザビエルの肖像画で、あけずの櫃から出ました。それ以外にも聖マリア十五玄義図、吉利支丹抄物、お椀のふた、マリア像、メダイとメダイ入れ、天使讃仰図、キリスト像などが出ておりまして当館で展示しております。

有名な「聖フランシスコ・ザビエル像」が発見された東家。

キリスト磔刑木像。

「聖フランシスコ・ザビエル像」
（神戸市立博物館蔵）。

遺物が発見された大正八年は、ちょうど信仰そのものが無くなりかけたところでした。この櫃や信仰をすべての子孫には伝えず、世継ぎのひとりだけに伝えるようにしようという一子相伝にしようとした矢先でしたから。そういう意味では、よく残れたものだな、と思います。

ちなみに、一六〇〇年代から密告した者に褒美を与える禁教の立札も立っていました。でも、この周りの方々は信仰者が多かったので、知っていても密告することはありませんでした。むかしはここまで細い獣道のような道しかなかったので、地形、自然にも守られたのかもしれません。だからこのような奇跡が生まれたのではないか、と思います。

現在、東家ではキリシタンはおらず、神道を祀っていますし、曹洞宗の高雲寺の檀家です。むかしから隠れキリシタンの隠れ蓑でそういうのを続けていましたが、いまだにそのままです。

釈　映像でオラショを歌っておられたあの三人のおばあさんはお互いにキリシタンであるという秘密を共有していたんですか。

東　親戚同士で結婚することが多かったようです。よそからお嫁がきたら、発覚してしまいますので。三人の映像はちょうど一子相伝にしようとするその狭間の頃のものだと思います。

内田　それ以前は家族内で共有されていた。

東　そうですね、日曜日毎に集まっていたようですから。

釈　親戚の中には、洗礼を授けたり、聖体拝領を行う役目の人がいたんでしょうか。

東　いたようですよ。

巡礼部　暦みたいなものはあったんでしょうか？

東　暦の代わりに、自然のツバメが来たときを目安に修行をしたりとかはしていたようです。子どもが生まれたときは洗礼を、亡くなったときはロザリオの代わりの玉むすびを持たせたり……それぞれ信仰を持って、お祈りもしていました。

内田　この史料館はいつからあるんですか。

東　一九八七年です。不思議なことですけど、豊臣秀吉が禁教令を出したのが一五八七年で、この史料館ができたのが一九八七年、ちょうど四〇〇年なんです。それまでは東家のずっと家のなかで見ていただいていたんですが、年間二～三千人がこられますので、当時の茨木市長さんが気の毒だということで。海外からも多くいらっしゃいます。却って海外の方は信仰を持っておられるので熱心ですね。

内田　隠れキリシタンというのは、かなり日本固有のものですからね。

釈　日本国内よりも海外のほうで有名なのかもしれません。

内田　ローマ教皇の使節がくるくらいですからね。

東　こちらが上野マリア墓碑ですね。ビデオで見ていただいた最初に発見されたものです。

内田　慶長八年ですね、一六〇三年。

釈　ちょうど幕府が成立する頃ですね。

東　このおかげで「聖地千提寺」と呼ばれているんですね。千提寺っていうお寺が昔はあって、教会代わりに使われていたと思われます。いまは地名ですが。

釈　なるほど、一時期はキリシタン寺だったのですね。

東　高雲寺さんというお寺があって、その高雲寺が曹洞宗の崇禅寺の末寺にあたります。

釈　崇禅寺馬場の仇討で知られたお寺ですね。細川ガラシャのお墓があります。

東　崇禅寺が細川家の菩提寺でありまして、ちょうど一六一五年頃にその関係で寺を建てたと思われます。

上野マリア墓碑。これにより茨木市の隠れキリシタンの存在が明らかになった。

内田　キリシタンを擁護するための曹洞宗のお寺というのも不思議なものですなあ。あのザビエルの絵っていうのは、神戸に売っちゃったんだそうですね。

東　元々神戸の南蛮文化のコレクター池長孟さんという方が、発見された当時からほしがっていたんです。そして何回も「買いたい」といらっしゃっていた。でも、お断りしていました。ところが、昭和一〇年（一九三五年）に「所有者は売りたがっている」と間違った情報を信じられて、池長さんはそれを聞いて喜んで、一ヵ月毎日こちらに来られたんです。

では、どうすれば断れるかと思ったら、「高い値段をつけたらよい」と聞いて、それで、断るために三万円（当時）なら、と言ったんです。当時としたらすごい大金です。そうしたら、池長さんは別荘を売ってお金持ってこられたので、仕方なく手放しました。そのあと、池長さんは神戸博物館に御自身が集められていた収集物を寄贈されました。一方、東家では、売ったお金は絶対に子孫に継いで使ってはいけないと。「一切使用を禁ず」。そういう書き置きがあるんです。東藤次郎は先祖に申し訳なく思っていたと思われます。

内田 その三万円はいまも……。

東 はい、いまもずっと置いてあります。

内田 そうなんですか。あるんですか。

釈 立派ですね。

東 実はその池長孟さんの息子さんはいま、大阪のカトリック教会の大司教をされているんです。そういうご縁もあって、お蔭様で千提寺でミサをしていただいたこともあるんです。そんな交流もあるんです。

内田 なるほど。

カトリックの身体性の部分（千提寺を歩く）

釈　いかがでしたか。カトリックの底力を見たような気がしましたね。

内田　ローマ教皇使節がくるというのがすごいですね。世界中からカトリック信者がくる場所が茨木にある。でも、フランシスコ・ザビエル像は惜しかったですねえ。

釈　一カ月間も毎日通われたら、情が移るのはしょうがないかもしれませんね。あんな山中のお宅まで来るんですから。

内田　日本中の学生が知っていますもんね。ザビエル像を発見した瞬間の驚愕はすごいでしょうね。

釈　あの鮮やかな色彩が残っているなんて。すごい衝撃ですよ、きっと。それにしても、このような山奥にある千提寺がキリシタンの里だというのは。

内田　もう地元の伝承でしかなかった。

釈　よく墓を見つけましたね。

内田　動かぬ証拠ですね。

釈　お墓は長崎と同じ様式でしたね。あれが伝統的なキリシタンのスタイルだったのでしょう。とにかく、こんな人里離れた地域に、どえらいエピソードがあるんですね。そのアンバランスさにびっくりする。

内田　それも茨木というのがね。

釈　我々の生活圏内です。右を見ても左を見ても、あなどれませんね、日本は。また、聖遺物信仰というのが、あなどれない。聖遺物信仰のおかげで、手がかりが残ったり信仰が継続されたりするわけですから。プロテスタントにはあまり見られないカトリックの特性ですね。カトリックの身体性の部分だと言えるかも。

内田　儀式とかオラショとか偶像ですね。

釈　これがプロテスタントだったら、脳化が進んでますから。今は、何ひとつ残ってないということになっていた可能性もあります。このことは、長崎へ行ったときに川上牧師もおっしゃってましたね。

内田　やはりプロテスタントは身体性が弱いと。

告白について

釈　そういえば、プロテスタントからは自虐的で酷な行為だと批判されますけど、カトリックの告白文化はけっこういろんなものを生み出してきた気がします。ヨーロッパで精神分析やカウンセリングが発達したのも、そうした土壌があったからだと思います。

内田　そうかもしれませんね。ただ、僕は告白については、やや懐疑的なんです。告白するとき、当人は自分をふたつに分裂しているわけですよね。罪や弱さを暴露される自分と、それを容赦なく暴露する自分。そうやって人格を便宜的に二分割する。いわば成熟した自分と未熟な自分に分けてしまう。そして、成熟した自分が仮借なく未熟な自分を分析し、切り刻んでいく。それってうまくゆきすぎて、結果的にあまり人間を成熟させない気がする。

成熟って、自分の未熟さを受け入れるってことだと思うんです。自分の幼児性をだましだまし自分という文脈に収め、何とか社会的人格に仕上げようとするのが成熟で。未熟さを断罪して抑圧するのは、結果的に未熟さを野放しにするんじゃないかと思うんです。

アントニオ・バンデラスの『デスペラード』[*8]の主人公はガンマンで、ばんばん人を殺しまくるんですけれど、カトリックの教会に告解に行き、「神父さん、すみません、私は今朝がた銃で人を殺めてしまいました」と告白する。そうしたら神父が「お祈りを唱えなさい」というと、彼がお祈りを唱えたあと、「じゃあ、これから心おきなく午後の殺人に行ってまいります」。

釈　（笑）。告白行為はあらかじめ免罪がセットになっているんですね。抑圧されたものを露出すること自体が尊い。告白した時点でひとつの線引きとなる。そういうシーンは欧米の映画に多く見られる気がします。映画『アナライズ・ミー』はギャング役のロバート・デ・ニーロが神経症で苦しんでいる設定のコメディーですが、彼は父への愛憎を抱えて生きてきたわけです。そして、最後は泣きながら「俺はお父さんを好きだったんだ」と告白することですべてが解決する。

内田　『ゴッド・ファーザー』のパート3でも、アル・パチーノ演じるマイケル・コルレオーネが兄のフレッドを殺したことを晩年になって枢機卿に告白する場面がありますね。枢機卿から「なにか告白したいことはありますか」と聞かれ、「もう何十年も告白なんてしたことがありません。いまさら」と一度はかわすんですが、重ねて求められると、突然「私は兄を殺しました」と言って泣き出す。なんかね、ちょっと水を向けられるとすぐに告解しちゃうって、いかがなものかと思いますけど。

釈　そう考えると、告白の対極は抑圧ではなくて、屈託や割り切れなさなんでしょうね。

内田　マイケルは兄を殺した事実について、周りにはやっていないと言い張って、自分でも「なかったこと」にしている。だから告解しないと収まらないんです。でも、本来、彼は自分が兄を殺した事実を受け入れて、「兄を殺すような人間」である自分とどこかで折り合いをつけて生きるべきだったんだと思う。自分自身を嫌いながら、でもそれも俺自身なんだからと思いながら生きる。自分を「いい自分」と「悪い自分」に分裂させて、「悪い方」を隠蔽するということと、二つながら自分であるという葛藤を受け容れることはソリューションとしては正反対なんです。そして、葛藤に苦しむことが人間的な成熟をもたらす。だから、告解すればハッピーエンドというのは、なんかね、そういうことで人間的成熟は果たせるのか、と。

釈　ある種のシステムでもあるんでしょうけれど。

内田　神経症を起こさないためにはいいんですよ。病気を緩解させるということが最優先である場合には、そういうソリューションも「あり」だと思います。でも、人間的成熟ということを考えると、「悪い自分」を別人格に解離して、処理するというのはあまりよろしくない。親鸞みたいに、自分は悪人であり、善人でもある。念仏を信じているし、信じていないという屈託のうちに生きるというのが、いいんです。

釈　そういう意味では、キリスト教だとプロテスタントのほうが屈託が強い。

内田　そうでしょうね。たぶん、カトリックと比べたら、プロテスタントのほうが神経症の患者が多いはずです。デュルケームの『自殺論』によれば、ヨーロッパの自殺者を宗派別で見ると、いちばん多いのがプロテスタント、それからカトリック、いちばん少ないのがユダヤ教だそうです。儀礼が多い宗教では、信者は自殺しないんです。イスラームもそうですね。服装規定とか食餌規定とか、日常生活の細部まで決められている宗教だと、うっかりすると儀礼を守っているだけで一日が終わることだってあるわけで、それって、言い換えると起きてから寝るまでずっと信仰生活だけを営んだということですからね。「信者としての義務を果した満足感」を毎日確実に得られるんですから、「いや～、俺って、すごく信仰心篤いなあ」という自尊感情を維持できる。

釈　儀礼を重視するタイプの宗教がもつ意外な機能ですね。

儀礼の費用対効果

内田　儀礼がなぜ服装と食事にかかわるものが多いかというと、それだと、朝起きた瞬間から夜寝るまで儀礼が続くからなんです。僕たちだって、朝起きたらまず何を着るかを考えるでしょう。その次には何を食べるか考える。そのつど何を着るべきか、何を食べるべきかについて宗教的なガイドラインが示されていて、それを守っている自分の信仰心が確かめられる。僕だって、朝稽古をやると、朝八時の段階で「武道家としてやるべきことはやった」というつよい達成感を感じる。朝の八時に「やるべきことは果した」気分になれるって、いいですよ。残りの一日はもう「余生」みたいなもんですから。儀礼の効用かくのごとし、です。

釈　儀礼的なルーティンワークが生きる力に直結していることは確かです。苦難の人生を生きる道筋ともなります。

内田　逆に考えている人が多いですけれど、儀礼は心身の負担を軽減するための装置なんですよ。儀礼なしで、自分の信仰は果たして真実のものであろうか、それとも表層的な欺瞞的なものに過ぎないのか……なんて頭抱えだしたら、身体が持たないですよ。儀礼に頼らず、内面の信仰だけに頼る宗教は信者に相当な体力と気力を要求する。

釈　内的資源がぜい弱だと、すぐに行き詰まっちゃいますね。

内田　だから、まず成熟できるだけの基礎的な体力、精神力を身につける。しかる後に成熟のために葛藤を抱え込む。初心者はまず儀礼から入る方がいい。儀礼って修業においては実に費用対効果がよい方法なんです。表面的でいいし、本義を理解していなくてもいいから、まず「言われた通りにやりなさい」と教える。それ自体が霊的成熟を意味するわけではないんだけれど、儀礼をしていると、霊的成熟のための「基礎体力」が身につく。それからあとのプロセスで体力・精神力を大量に使いますから、まずは備蓄しておかないと。

釈 なるほど。きちんと悩むためには、前段階・順序があるということですか。

内田「悩むための体力、葛藤できる精神力」をまず身につける。悩むのはそれから。

下妻 たしかにカトリックの人たちからは朗らかというか、とても心地よく普通に普通の暮らしを生きているという印象を受けることがあります。精神的にもすごく楽なんじゃないかと。

内田 きちんとした信仰を持っていればそうなるんです。禅僧みたいに朝から晩まで儀礼がビシッと決まっていれば、夜もよく寝られるし、ご飯も美味しいでしょ。

釈 そうなんですよ。どうも禅僧と浄土真宗のお坊さんを比べると、禅僧の方が健康的だし、自信があるように感じます。真宗は苦しいんですよ。

内田 実存的なレベルだけで自分の信仰の真否を自分で問うのは苦しいですよ。儀礼というのは、その負荷を軽減してくれて、信仰に向き合う力を与えてくれるんです。

上野マリア墓碑跡

釈　ここが先ほど見た上野マリア墓碑の跡ですね。お参りさせていただこう。

内田　お墓はないんですね、「ありました」っていう場所です。ここから始めたら、あまり感動しなかったでしょうけれど、僕たちは長崎を回ってきていますからね。あのときの経験すべてが、通奏低音のように響いている。

釈　「キリシタンの物語」が我々の身心を流れるようになっていますからね。そこからときどき独特の痛みが生じます。

内田　この場所も見つからないですよね、知っている人の案内じゃないと。

釈　その上、雪の中で見つけたそうですからね。

内田　最近でも、第二名神の工事現場からもキリシタンのお墓が見つかったそうですよ。ここからすぐ近くの。でも、そうしたらふつうは建設をやめなきゃ。

釈　そこで計画変更するのが望ましいと思いますが。

内田　お墓を潰して道路なんか通すと罰が当たるぞ。

釈　土地への畏敬がないとよい暮らしは成り立たないのですが。ユダヤ教の人たちは、昔の文献に出てくる土地を特定されると、それがどんな荒野で不便なところでも住みはじめたりする。聖地への思いが強いんですね。

上野マリア墓碑があった場所。

内田 日本は自然は深いですからね。尾根ひとつ入ると、植生が変わり、動物種も変わる。だから集落ごとに食文化が変わって、祭祀も変わるし、宗教儀礼も変わる。以前、養老先生からうかがいましたけれど、「虫屋」といわれる昆虫マニアが多いのは日本だけだそうです。先生が大英博物館に行ったときに、世界中の言語で発行されている昆虫のジャーナルが展示されているところがあって、そこに学会誌と並んで日本の『月刊むし』という商業誌が置いてあった。昆虫専門の商業誌が存在するのは世界で日本だけなんだそうです。それだけ多くの種類の虫がいる、それだけ自然が多様だということです。尾根ひとつ向こう側、V字谷の向う岸では、もう植生が違う、虫が違う。だから、子どもでも捕虫網持って走り回っ

キリシタン墓が見つかった場所は取材当時、第二名神高速の工事中だった。

ていると新種の虫を発見する可能性がある。そんな昆虫学者にとって恵まれた自然環境が日本列島にはあるということなんです。

釈　南北にも長いので、北部と南部ではずいぶん気候風土が異なる。日本海側と太平洋側でもかなり違う。平家の落人だって、隠れられる。

内田　この「負けしろ」の大きさが、僕は日本の最大の国民資産だと思います。「落人部落」とか「隠れキリシタン」というのは、すぐれて日本的な存在なんだと思いますけれど、それを可能にしたのは、この奥深い谷なんです。

釈　なるほど、負けても生きていける、そういう地形なんですね。

長崎との違い

釈　千提寺の禁教というのは、長崎ほどの迫害じゃないようですね。このあたりはもうちょっと穏やかだったのかな。

下妻　長崎だったら、踏み絵の時に動揺するそぶりを見せただけでも危ないです。赤ん坊だろうが病人だろうが、横たわっている人の足の裏に像をくっつけるようなことまでやっていますから。よろけてふまずにお目こぼしがあったというのはだいぶゆるいというか、信じている人を周囲の人が守っているような……長崎の、特に市中とはちょっと違う形だなと感じました。

内田　でも高山家がキリシタン大名としてここにいたのは二〇年くらいですよね。そのあいだだけ広がった信仰が、それから四百年続いていることを考えると、宗教というのはすごいものですね。

釈　はい。そのことを再確認できただけでも、今回はありがたいご縁となりました。また、キリスト教を通して見る日本人という作業も、なかなか難物でした。今もまだすっきりしていません。でも、すっきりしないところをじっくりと味わいたい気分です。

下妻　やはりキリスト教のインパクトってすごかったんですね。一度キリスト教を受け入れると、もう変えられない。ザビエル像を譲ったおばあさんもずっと死ぬまで後悔していたそうです。孫たちが祟られないか、祟り神になりはしないかと。こんなお話を聞くと、長崎で転んだ人たちも、心の中はそう簡単には変えられなかっただろうな……と思ってしまいます。

釈　宗教という領域は、やっかいですからね。意志の力ではいかんともしがたい面がありま す。

内田　隠れキリシタンの里って、日本に他にまだあるんですか。キリシタン大名はほとんど九州でしたけれど。

釈　瀬戸内沿岸にも近畿圏内にもあります。大阪にもけっこうあります。玉造とか、堺とか。

ただいずれも遺跡です。いまなお隠れキリシタンの系譜を継いで儀礼を守っている現役キリシタンっているんでしょうか。

下妻　長崎ですらほとんど残っていません。

釈　長崎で残ってなかったら、他ではちょっと考えにくいですね。

内田　最終的にはみんなローマカトリックに改宗したのかな。

下妻　改宗ではないですけど、組織が維持できないというのが現状のようです。儀礼が煩雑だったり、中心人物が亡くなったり……地域の高齢化や解体とともに、隠れキリシタンの組織も崩壊していく。

釈　高齢者ばかりになってしまって、フェードアウトですか。

内田 そういうときに跡を継いでいく若い人たちが出てくるといいんですけどね。

釈 オラショが絶滅するのは残念ですね。個人的には、信仰がなくてもいいからオラショを唱える人……せめてそれだけでも維持してほしい。

下妻 先ほど見たビデオのオラショは、生月よりも節がなかったような気がします。

釈 なかったですね。棒読みのようでした。

下妻 もっと生月のほうが歌になっていたというか。

釈 九州という土地柄かもしれません。たいていその土地の節になりますから。

内田 でも、そういう音源はとっておかないといけませんよ。国民の財産ですから。本来は、国会図書館とかがすることなんでしょうけれど。

釈 仏教のお説教の方も、小沢昭一みたいな奇特な人がいたから残った部分もあります。

内田 民謡は昭和一五年ぐらいに、町田佳聲《まちだかしょう》さんがNHKのエンジニアと録音機を担いで日本中を回り、残っている民謡を録音していった。それがNHKのアーカイブに残っているそうです。

アメリカでも、議会図書館に米国民俗センターにフォークソングのアーカイブがあります。ジョン・ローマックス、アラン・ローマックス親子が円盤録音機を車に積み込んで、アメリカ中を録音して回った。黒人霊歌からブルース、労働歌、フォークソングなどを路上で、農園で、監獄で、どんどん録音していった。エイドリアン・ブロディが主演の『キャデラックレコード』という映画がありますけれど、その中に出て来ますよ、ジョン・ローマックスがマディ・ウオーターズのところに来て「録音させてくれ」という場面が。

大瀧詠一さんの『アメリカン・ポップス伝』によると、このローマックス親子のアーカイブはアメリカ音楽の源泉みたいなもので、六〇年代のソングライターたちも、このアーカイブからいろいろな曲を引っ張り出していた。『コットンフィールズ』も『マッチボックス』も『天使のハンマー』もそうです。民謡の収集を国民的な文化資源を国家的な事業として行った。日本もそういう作業は公共的な仕事としてちゃんとやっておくべきなんです。時間が経つと消えてしまうかも知れない宗教儀礼や祭祀や芸能の映像や音声は金に糸目をつけずに網羅していかないと。伝える人がいなくなったら終わりですからね。

釈　では、これから本日の最終目的地である高山右近の像があるカトリック高槻教会に向かいます。

カトリック高槻教会

釈　カトリック高槻教会に着きました。ここで少し、高山右近のお話をしますと、右近は一五五二年に生まれ、一五六四年にロレンソ了斎から受洗、一五七三年に二十一歳で摂津国高槻城主となりました。その当時のキリシタンの布教は勢いがあって、一五八一年には高槻領民の七〇パーセント以上がキリシタンだったともいわれます。先ほど訪れた千提寺でも、この期間にキリシタンとなった人が多くいたと思います。右近は本能寺の変で羽柴秀吉側について山崎の戦いで明智光秀と戦います。一五八五年に明石六万石に転封され、さらに一五八七年に秀吉の伴天連追放令を拒否して改易されます。流浪の身となりますが、自費で金沢に教会を設立するなど、キリシタン布教に努めます。しかし、一六一二年のキリシタン禁教令によって一六一四年に、マニラに追放。到着後、一六一五年に六十三歳でなくなりました。

内田　なるほど。

釈　ここは「高山右近記念聖堂」として知られていますが、まだ列福・列聖されていないため、聖母マリアと日本二十六聖人に献納されています。二〇一五年の逝去四〇〇周年にあわせて、信者の方による「高山右近列福運動」の取り組みがなされています。列福とは、福者として認められることを指します。ちなみに福者はカトリック教会が生前の徳ある行為や殉教により、生涯が聖性に特徴づけられたものであったことを認められた人物におくる敬称です。殉教者でない場合はひとつの奇跡が必要だそうです。聖者はキリストの模範に忠実に従い、実行した人物に行なわれる称号で、やはり殉教か奇跡が要件となります。確か列聖は、その人が仲介役を果たした奇跡がふたつ必要だったかと記憶しています。

カトリック高槻教会の方に聞くと、列福の申請の手続きは終わっていて、マニラで高山右近の遺骨調査なども行なっていっているそうです。バチカンの近年の解釈では、直接的な死という狭義な解釈ではなく、海外で追いやられて亡くなった場合でも殉教者として認められるようになっているので、二〇〇九年には列福事由を「証聖者」から「殉教者」に切り替えているとのことです。*9

内田 奇蹟がないとだめって、ハードル高いですね。

釈 二十六聖人の場合は殉教が事由ですよね。

下妻 まずは殉教者というのが第一だと思いますが、死体が腐らなかったとか、そういうこともあったようですね。

内田 調査委員会が資料を集め、列聖省の専門委員会を経て、同省の枢機委員会で会議が通ったら、教皇が教令に署名、列福式をもって「福者」になる……と。

釈 ちなみにヨハネ・パウロ二世が最近、聖人となりました。死後九年という異例の早さ。ひとつめの奇跡は、ヨハネ・パウロ二世の死後、パーキンソン病のフランスの修道女がヨハ

訪れたカトリック高槻教会。

ネ・パウロ二世に祈りをささげていると病気が快方に向かったこと、ふたつ目の認定は、ヨハネ・パウロ二世の姿を見た重病のコスタリカの女性が病気から快復したエピソードだそうです。

下妻 二十六聖人が列聖されたのは殉教から二六五年後です。

内田 そんなにかかったんですか。

釈 普通は二〜三百年かかりますよね。

内田 すぐに列聖されるためには、サン・ドニみたいに斬首されたあと、首を持って歩くとかしないとダメなんですかね。

釈 マザー・テレサは福者ですが、列福は早かったですよね。

内田 奇蹟を起こしたんですか。

釈 非カトリックのインド人女性の腫瘍が一晩で消えたらしいです。

内田　僕は「列福運動」ということを初めて知りました。列福を願って、信者の方々はお祈りを捧げているんだそうですね。

釈　祈りの力を信じるという姿勢もカトリックでは重要ですから。

巡礼部　根回しではなく、お祈りなんですね。

内田　根回しはないでしょう。誰かが福者になったからといって、誰かにお金が入るという話じゃないですから。東京オリンピック招致とは違います。

釈　先ほど内田先生が、福者になったらこの教会がどう変わるんですかって質問されてましたが、どうも特に何もなさそうな……。

内田　信徒たちが教会を奉献できるということが誇りなんでしょうね。聖人にしか教会は奉献できないんですから。そしたら、ここは「聖高山右近教会」になるわけですね。プロテスタントにはそういうシステムはないですよね。

釈　カトリックに比べると、聖人信仰がありませんから。しかし、この教会は落ち着いた感じのいい佇まいです。

内田　ほんとうですね。

釈　ここの教会について少しお話ししますと、すぐ横に野見神社がありますが、元々のカトリック教会はそこに建っていたんです。そしていまの教会の敷地に野見神社があった。高山右近が領主になったとき、領地内の神社仏閣をかなり潰したんです。そして野見神社を潰し

カトリック高槻教会内の高山右近像。

てカトリック教会を建てて、その横に大きな天主堂みたいなのをつくった。ここで考えねばならないことは、キリシタンだって一歩間違ったら、迫害する側にまわるということです。

内田 なるほど。

釈 強い救済能力をもった宗教ほど、信じている人と信じていない人との垣根は高くなる。時には攻撃的にもなる。そこをどうやって折り合っていくか、とても難しいことですが、なんとか折り合い地点を見つけていける感性を養っていかねばなりません。

講話と対談

他者の信仰

釈　みなさん、お疲れさまでした。今回もキリシタンの聖地を歩きましたので、法話ではなく、宗教のお話をさせていただきます。

宗教は、社会とは別の価値体系を持っていますので、時には社会とバッティングすることも起こります。伝統宗教は、だんだん凸凹したところの角が丸くとれて、社会と衝突する部分は少なくなります。それは宗教本来の魅力が低減することでもある。その代わり、社会との接点は拡大し、接するところに文化やアートや芸能が生まれます。そんな調子で大きな教団となる宗教もあれば、消えていく宗教もあります。また、マイノリティの宗教として活動が続いていく場合もある。マイノリティの宗教は、やはり何らかの抑圧を受けがちです。

特に、迫害を受けやすいのは、行為様式がはっきりしているタイプの宗教でしょう。我々は、自分と違った行為様式を持っている人を蔑視・差別しがちです。

『愛と哀しみのボレロ』[*10]という映画があります。この中で、ナチスがフランスに侵攻し、ユダヤ人狩りを行う場面があります。見た目だけでは、ユダヤ人かどうかわからない。そこで、学校の授業中に教室へ押し入り、男子生徒のズボンと下着を下ろさせます。割礼しているかどうかを見るためです。ユダヤ人の男子は生後八日目に割礼します。これは、ユダヤ教徒にとってとても重要なことなのです。

ナチスの将校が男子の下半身を確認しながら歩きます。そしてある男の子の前に座って、「君、名前は?」と聞きます。その男の子が「デュピピエ」と答えると、将校は「本当にデュピピエかな?」と聞き返します。すると、横から担任の女性教師が走ってきて、こういうんです。

「この子はユダヤ人ではありません。これは割礼じゃなくて、おできの痕なんです」

そして「早く、あれ言ってごらん」とうながすと、その男の子は「天にまします我らの神よ、御名があがめられますように……」と、「主の祈り」を唱えます。クリスチャンにとって大切なお祈りの言葉ですね。しばらくそれを聞いたあと、ナチスは引き揚げます。

引き揚げた後、女性教師はその男の子に「覚えといてよかったでしょう」といい、男の子は「はい、先生」と答える。

いろいろと考えさせられる場面です。まずひとつ言えるのは、宗教というものは単に知識があるからといって他者の信仰を尊重できるわけではないということ。逆に知識があるからこそできる迫害や差別もある。隠れキリシタンの迫害も、詳細まで熟知した元・キリシタンだからこそ思いついた残酷な手口もあります。映画『シンドラーのリスト』では、ユダヤ教の正統派の人々がもみあげを伸ばしているのでそれをハサミで切っていじめる場面がありました。その宗派の行為様式を知っているからできる迫害もあるのです。

宗教的人格権

釈　かつて、アブグレイブ刑務所でイスラムの人々に看守が無理矢理豚肉を食べさせたり、犬の格好をさせるという虐待を行ないました。イスラムの人は豚肉を食べず、犬を嫌がるのを知って行なった虐待ですね。宗教的人格の部分を踏みにじる残酷な行為です。信仰がその人の人格そのものである場合も少なくありません。そこを踏みつけられると、すべてが否定されることになる。我々は、他の人権と同様に宗教的人格を尊重することに取り組まねばなりません。

でも、宗教的人格権の尊重もなかなか難しいところがあります。宗教的人格権は、暴力や権力に対する抵抗として機能するものでしょう。でも、時には宗教的主張が過剰になる。一歩間違えたら、今度は逆に迫害する側にまわっちゃうんです。以前、新型インフルエンザが世界中で流行ったときに、「豚インフルエンザ」などと呼ばれていました。

豚を媒介にして拡大すると考えられたので。

するとエジプト政府が、国内の豚を全頭殺処分するという声明を出した。その際に、「そもそもイスラムの国に豚はいらない」と声明を出していました。しかし、エジプトのなかにはムスリム以外の人も多い。コプト教徒をはじめ、宗教的マイノリティもたくさんいる。イスラムの国に豚はいらないという発言は、まさに自分たちの宗教的な権利を過剰に拡大する行為でしょう。

宗教的人格権の尊重において、どこまでを抵抗権として認めるべきで、どこからが過剰なおしつけとするのか、この見極めはけっこう難しい。これはもう、センスでしかないと思いますね。肌感覚の宗教的センスを成熟させないと、宗教的人格権をお互いに尊重し合うことに至らない。そして、そのセンスを成熟させるためには、今回のようにキリシタンのストーリーにしばし身を委ねながら歩いたり、人々の信仰の場に身を置く行為が重要だと思います。

また、信仰が傷つけられたときの痛みを実感することも大切ですからね。そこで、今回の聖地巡礼では、歩いているときの足の裏を通してその土地がもつ痛みや叫び、生と死を感じようという、そんな提案をさせていただきました。

それにぴったりの詩が、お手元に配布しました『交響詩集ヒロシマ』のなかの「静かに歩いてつかあさい」です。この詩は、広島の友人に昔、教えてもらいました。作詞をされた水野潤一さんは世界中を回り、さまざまなところで宗教的な感性あふれる詩を書いておられます。

私は広島弁をうまく発音できませんが、ちょっと読んでみます。

「静かに歩いてつかあさい」（永野潤一）

今は、新しげな建物のえっと[◇1]見える
この川辺りの町全部が
昔は
大けい一つの墓場でしたけん

今は車のえっと走っとる
この道の下で
ウジ虫の湧いて死んで行った
母を焼いた思い出につき刺されて
息子がひていじゅう[◇2]

つくなんでおりますけん[3]
ほいじゃけん

今　広島を歩く人々よ
どうぞ　いついき静かあに[4]
こころして歩いて　つかあさい
それにまだ病院にゃあ
えっと火傷を負うた人も
寝とってじゃし

今も急にどっかで
指のいがんだ　ふうのわりい人や[5]
黒髪で　いなげな頬のひきつりを[6]
かくしとった人が
死んで行きよるかもしれんのじゃけん

ほいじゃけん

広島に来んさる人々よ
この町を歩くときにゃあ
どうぞ　いついき静かあに
こころして
歩いて行ってつかあさいや……
のう……

【語注】◇1　えっと（＝たくさん）◇2　いじゅう（＝一日中）◇3　つくなんで（＝しゃがみこんで）◇4　いついき（＝いつも）◇5　ふうのわりい（＝見た目の具合が悪い）◇6　いなげな（＝奇妙な）

※現在の著作権者が不明です。著作権者あるいは関係者の方は編集部までご一報願います。

この詩は、我々の「聖地巡礼」が目指すべき姿勢を表わしてくれているのではないかと思います。

今日の巡礼を振り返る

釈 さて、今回の巡礼で印象に残っている場所はどこでしょうか。

内田 ええと「腹が立ったところ」は第二名神ですね（笑）。建設工事に怒りを禁じ得ませんでした。

釈 その工事の中でキリシタンの墓が見つかったようです。あのままだと、キリシタンの墓地の上をまともに走ることになりますが。

内田 四〇〇年ぐらい前からずっと静かに眠ってきて、長い時間をかけて誰かに見出されるのを待っていたんでしょうけれど、そういうふうにして発見されるものではないでしょう。その上に高速道路ができるわけですけど、ほんとうに非霊的な営みですよ。

釈 高度成長期には日本中でこういうことやってたんですよね。「キリシタンの墓くらいで変更できるか」ということなんでしょうか。

少し今日を振り返りますと、最初は京都ですね。二十六聖人の石碑あたりをちょっと見て、西ノ京ダイウス町をけっこう長くゆっくりと歩きました。

内田 ダイウス町というところが、四条と西ノ京と、二カ所通いましたが、どちらにも感じたのは、旧キリスト教の信者が集住していた地域はさびれているということですね。

釈 そうですね。西ノ京のあたりは、全体的に賑やかなのに、ダイウス町に入るとポコッと静かになる。

内田 たぶん、かなり長期にわたってあまり人が住まなかったんじゃないかな。異教徒たちが住んでいたところは「禁域」化する。そして、後から神社仏閣を置いて、霊的に抑え込んでいた。そういうことじゃないかな。

釈 そういえばかなり寺社が密集していました。

内田 霊的な抑えをしても、やはりそれはそれで霊気が強すぎて、生活者が寄りつかなかったんじゃないですかね。お地蔵さんやお稲荷さんがたくさんありますから、たしかに宗教的な空間ではありますけれど、生活するための場所じゃなかったんだと思います。戦後になって、そういう「禁域」にも平気な人々が住むようになってきた。あと、何か変だなと思ったら、このエリアではかなりの距離を歩いたんですけれど、どこにも食べ物屋がないんですよ。最後に椿寺に行くために橋を渡ったら、そこからは食べ物屋が並んでいる。橋を渡ったところで、霊的な境界線を越えたんでしょう。食べ物って、食べたくなる所と、さっぱり食欲が起きない所があるんです。ダイウス町は、むかしはすごく賑やかだった場所んでしょうけれど、それが暴力的なしかたで破壊されて、霊的な抑圧がなされた。だから、傷つけられた「何か」の残存臭気のようなものが気配として残っている。そんな感じがしましたね。

キリシタンをめぐる聖地巡礼を振り返る。

互いをどう尊重するか?

釈　その後、大阪の茨木、高槻と回りましたが、長崎の厳しい抑圧に比べると少しのんびりした感じがしましたね、大阪のキリシタンは。

内田　あまり激しい迫害の物語は語り伝えられていなかったですね。

釈　山間の中に隠れ住むような集落がいくつもあって、集落と集落がけっこう離れている。

内田　隣の集落はどうも隠れキリシタンではないか、ってぼんやりわかっていても、まあ人それぞれだっていう感じで受け入れていたような感じでしたね。高雲寺を管理していた曹洞宗のお寺だって、キリシタンの信仰があるということはある程度わかっていたけど、見ないふりをした。そういうある種の宗教的寛容があった。それが場の雰囲気をつくっていたようですね。

人間の弱い部分に着目する

内田 宗教って、ある種のひとつの「病み方」なんですよね。健全な人ってこの世に一人もいないですから。程度の差はあれ、みんな心を病んでいる。そして、人間の持つ本質的な弱さは必ず「物語」を求める。宇宙を統べるひとつの統一的な摂理があって、自分の個人的な祈りが、そこに伝わると、宇宙の風景に、自分の祈りによってわずかではあれ変化がもたらされる。人間は個人としては、空間的にも時間的にも限定的な生を営むしかないわけですけれど、どこかで類的な宿命に繫がっていたい。有限的な存在が、無限の境位と、ある超越性の回路を経由して繫がることを夢見る。そういう物語を人間はどうしても必要としているんだと思います。その「レバレッジ」になるのが宗教です。「レバレッジ」に良いも悪いもない。ただ、ある人がある宗教を選ぶとき、その根本には「その人固有の弱さ」「その人固有の欠落」があるということです。だから、自分は何を欠いていて、何を充たそうとしているのか、それを知ることがたいせつだと思います。

釈 信仰へと至ることで、初めて見える固有の弱さや欠落がある、とも言えそうです。

内田 それぞれの宗派や教団には、集団性が強いとか個人性が強いとか、精神性が強いとか身体性が強いとか、いろいろ幅がある。それは、その宗教を生み出したそれぞれの社会集団に固有の「弱さ」に対応している。その「弱さ」を補うための装置なんです。宗教という強大で整合的な物語を体系的に、その全容を理解するのはとても難しい。でも、逆に、その宗教がどのような具体的な弱さに対応しているのか、どのような欠落を充たすものなのか、その欠性的なものの方を見ると、理解したり共感したりすることは、そんなに難しくない気がする。「強い物語を求める人間の弱いところに着目する」。すると、同じ弱さが自分の中にもあることがわかる。ただ、それを受け止めるための物語が少し違う。なるほど君はそういう物語を選ぶんだね、と。そういうふうにして相互理解が進んでいけばいいと僕は思うんですけどね。

迫害と高揚感

釈 今回は長崎・京都・大阪と、強烈な物語を持つキリスト教をめぐり巡礼しました。ある意味、キリスト教は人類史上最も強烈な物語を持つ宗教と言えるでしょう。非常に強い物語性と、自分ではとてもそんな信仰を持てないという大部分のクリスチャンの弱さを同時に実感できるような巡礼だったように思います。

内田 殉教とか宗教的迫害というのは、客観的に見れば非人道的な行為ですが、殉教者が感じた宗教的法悦というものがどういうものだったか、それについては想像力を駆使する必要があるんじゃないかと思います。宗教的迫害の対象になることは、強烈な選民意識を刺激するはずです。ネガティブではあるけれど、劇的な高揚感があるはずで。宗教的迫害にしても殉教にしても、やはりそれはひとつの「生き方」として選択されている。激しい痛みや苦しみの代償として、必ずそれに拮抗する強烈な「プラスのもの」が与えられていて、それが拮抗している。隠れキリシタンたちにしても、長崎で七代にわたって信仰を守ってきた人々が大浦天主堂でカトリックの神父に出会って、世界中のカトリックの人たちの注目を浴びた。明治時代に、そんなふうにして世界中から注目された日本人なんて他にいないでしょう。そのときの聖史的な巨大な物語の登場人物になったことの高揚感って、僕たちのような人間にはちょっと想像がつかないと思うんですよ。だから、彼らを宗教的無理解によって迫害されたかわいそうな人たち、と単純に決めつけるべきじゃないと思う。彼らは彼らで、強い意志を持って、深い満足と強烈な宗教的法悦を求める生き方を選んだのだという気がします。

釈　長年にわたってキリシタンの水脈が途切れなかった最大のファクターは、やはり「殉教」ですよね。殉教者が出ると、その土地の大部分の人が負い目を課せられる。そんなことができる人は数少ないわけですから。「自分だったらとてもできない」という負い目を背負いながらも、殉教者に対する強烈な憧れがある、そんな屈折したものがあるからこそ二五〇年もの間、地下に潜伏しても続いていた。

マックス・ウェーバーは、キリスト教は苦難に遭えば遭うほど、自分の進んでいる道は正しいと確信するような、マゾヒズム的なところがあるといっています。これを苦難の神義論といいます。貧困や迫害によって、魂はますますピュアに高みに昇り、自分たちの進んでいる道が正しいと確信に変わる変換装置を持っているわけです。

内田 神に至る道には神なき宿駅があるというのがユダヤ教以来の一神教の基本です。神が今まさにここに顕現して来ない、神が今ここでは不在であるという事実そのものが、神の不在に耐えても信仰を維持できるような宗教的成熟を促す、という。

釈 苦難の神義論といい、類いまれな伝道への情熱といい、キリスト教はいくつも特殊な装置を身にまとっていますね。だから人類史上最大規模の宗教となった。また、あの信徒告白のエピソードや、外海に暮らす人たちの暮らしは、世界のカトリックの人たちの支えになっている部分はかなりあると思いますよ。教義体系とは別の強烈なサイドストーリーですから。

内田 地下に潜伏というのをネガティブに考えがちですけど、地下に潜伏ってけっこうワクワクする経験のような気がするんです。僕、中学校のときに、大阪に本部のあるSFファンズクラブというのに入っていて、そこは秘密結社みたいにして全国のSFファンの中学生をネットワークしていたんです。その時期、一九六〇年代の初め頃、僕たちが考えた「物語」は、SFはあまりに過激で、先駆的な文学形式であるがゆえに、既存の文壇や出版業界から権力者から敵視され、弾圧されているというものでした。このSFを守るのはわれわれ中学生しかいないのだ、と。そういうふうにして小松左京や星新一や筒井康隆の作品を盛り立てていこうとした。それはどうしたって地下組織じゃないといけない。われわれが守ろうとしているこの新しい文学の真の価値を理解しているのはわれわれだけであり、われわれが信じなければ遠からずSFは弾圧されて滅びてしまうであろう、と。そういう物語を自分たちで勝手に作って、興奮していたわけです。でも、そうやってSF擁護活動に熱中していたのは一年半くらいでした。僕は別にSFが特に好きだったからじゃないんです。SFが「抑圧された文学」だという物語にくらっと来たんです。だから、その後、SFが文壇的に認知されて、SF作家たちが売れっ子になるにつれて、SF少年たちは「もっと抑圧されたもの」を探して、SFを離れていった。映画に行ったり、演劇に行ったり、音楽に行ったり、過激派政治に行ったり。どれも「あまりにも新しい文化」であるがゆえに現世的な権威に抑圧されているという物語の形式は同じなんです。

茨木市のキリシタンの、一生涯遺物を開けずに、息子にも「この筒を決して開けてはならぬ」と遺言しているときの高揚感ってすごかったんじゃないかと思う。自分だけが相伝できる。これを伝え損なったら、先祖からの伝承が途絶えてしまう。次の世代にこれを伝えるまで死ぬわけにはいかないから、そんなとき人間がひしひしと感じるのは、「生きなければならない」ということでしょう。父親から「お前に託す」といわれたとき、その人は強烈な「生きる動機」を同時に受けとる。「君が次の世代にこれを伝えなければ、伝承は消えて、永遠に誰にも知られない」という、そういう付託のされ方をする。

だから、隠れキリシタンって特殊な形態ではあるわけですけれど、一子相伝で道統を伝えるという意味では、武道や芸道における師弟の道統伝承と構造的にはそれほど変わるわけじゃないと思うんです。自分が継承しなければ消滅してしまう貴重なものの伝承を託されたということほど人間に生きる力を与えるものはないですから。

釈　なかなか言語化しにくかったキリシタンの心理構造が少し解き明かされたこと、そしていかに内田先生が屈折しているか、みなさんは実感されたことと思います（笑）。では、このあたりで。

内田　どうも、今日はお疲れ様でした。

＊1　ロレンソ了斎（一五二六〜一五九二）　日本人最初のイエズス会士。現在の平戸市で生まれ、琵琶法師として生活していたが、山口を訪れたフランシスコ・ザビエルから受洗。京都・堺・大和を中心に宣教師たちの布教活動を助け、高山右近らを改宗させた。

＊2　フロイス（一五三二〜一五九七）　ポルトガルのイエズス会司祭。一五六三年に来日してから織田信長の信任を得て、三〇年以上日本各地で布教活動を行なう。『日本史』に代表される日本に関する膨大な著作を後世に残した。

＊3　サン・フェリペ号事件　一五九六年に起きた、暴風に逢い土佐に漂着したスペイン船サン・フェリペ号に対する、豊臣秀吉による貨物没収事件。事件後、秀吉は在日スペイン人宣教師を処刑した。

＊4　源頼光（九四八〜一〇二一）　平安中期の武将。勇猛で射術に優れ、大江山の酒呑童子伝説や土蜘蛛伝説で知られる。

＊5　渡辺綱（九五三〜一〇二五）　源頼光の部下で四天王の筆頭。

＊6　『ベイビー・オブ・マコン』　監督・脚本はピーター・グリーナウェイ。目前で演じられる宗教劇の舞台にルネサンス時代のメディチ家の末裔が乱入、虚構と現実のあいだを往復する。

＊7　天野屋利兵衛（一六六一〜一七三三）　江戸前期の大阪の商人。赤穂浪士の吉良邸討ち入りを支援したとされる。

＊8　『デスペラード』　マフィアに最愛の恋人を殺された男が復讐のためギターケースに武器を仕込み大暴れするバイオレンスアクション。監督はロバート・ロドリゲス。

＊9　二〇一六年、ローマ教皇は列福を認可。二〇一七年に列福式が予定されている。

＊10　『愛と哀しみのボレロ』　監督はクロード・ルルーシュ。一九三〇年代から六〇年代にわたり、フランス、アメリカ、ロシア、ドイツにおいて交錯する、二世代四つの家族の人生を描く。

（参考）杉野栄『京のキリシタン史跡を巡る』三学出版

あとがき――内田樹

みなさん、こんにちは。内田樹です。今回は『聖地巡礼 リターンズ』をお買い上げくださいまして、ありがとうございます。

釈先生と僕が二人でナビゲーターをつとめ、凱風館巡礼部の諸兄諸姉と訪れる聖地巡礼の旅の書籍化もこれで三冊目となりました。思えば上町台地縦走から始まった聖地巡礼も京都異界ツアー、三輪山、熊野と少しずつ脚を伸ばし、ついに飛行機で長崎まで行くスケールになりました。この長崎の旅は参加者数も過去最高でした。三十名近くがぞろぞろと下妻みどりさんのご案内で長崎のキリシタンの聖地を訪ね歩きました。この長崎の旅のおかげで、僕は「日本とはどういう国なのか、日本人とはどういう人間なのか」という問いを深める上で二つの手がかりを手に入れることができました。それについて今思っていることを書いて「あとがき」に代えたいと思います。

二つの手がかりとは、一つは「グローバル」、一つは「習合」です。

「グローバル」といっても現代の話ではありません。戦国末期のことです。

本文でも触れたように、大村純忠はキリスト教に改宗したあと、長崎周辺を天正八年(一五八〇年)イエズス会に寄進しました。豊臣秀吉が長崎を直轄領とするまでの十年あまりのことではありますけれど、長崎は「イエズス会領」でした。領土を保全するために荘園を名目上だけ寺社や貴族に寄進するということは平安時代から行われていましたけれど、純忠はその発想をそのままイエズス会に適用したのです。純忠は国内の有力な寺社貴族とカトリックの修道会を「同じようなもの」としてとらえていた。でも、それ以上に驚くべきは、純忠はわずか四十六年前に、それも遠くスペインで設立されたこの修道会の世界史的な意義をこの時点で正確に理解していたということの方です。この広々とした世界観は現代の日本人にはたぶんうまく理解できないと思います。一つは、僕たち現代人の方が戦国時代の武将よりも世界のことをよく知っていると思い上がっているせいですし、今一つは、僕たちが「国民国家」というものをあまりに深く内面化してしまったために、「国の壁」をたやすく超えて思考し、行動する人間のことが理解できなくなっているせいです。

「国民国家（nation state)」というのは特定の歴史的条件の下に生まれた一個の政治的仮象に過ぎません。国民国家は三十年戦争を終結させたウェストファリア条約（一六四八年）によってはじめて基本的な政治単位として国際的に認証されました。それまでは、外交や戦争の主体はもっと未定形的で、流動的な政治単位だったのです。例えば、神聖ローマ帝国は現在のドイツ、オーストリア、チェコ、イタリア北部を領有しておりました。その最盛期のプレイヤーであったカール五世は、フランドル生まれで、血統的にはドイツ人、母語はフランス語。スペイン王であり、パリに暮らしました。このような人物はいかなる国民国家にも帰属させることができません。

国民国家システムは「神聖ローマ帝国のような国」や「カール五世のような統治者」はもう存在することができないということを人々が受け容れたことによってはじめて成立しました。

国民国家の第一の要件は、同一の地域に集住する、同一言語・同一宗教・同一文化を共有する同質性の高い「国民」の存在ということですが、実際にはその要件を満たしている国民国家は当時も今もほとんど存在したことがありません。それは国民国家内で「階級闘争」や「差別」や「宗教対立」や「内戦」という定義上は存在するはずのないものが頻発していることからも明らかです。

国民国家というのは一個の幻想であり、イデオロギーです。もちろん、今のところは「受肉した幻想」、「支配的なイデオロギー」として、僕たちの中に深く根を下ろしていますが、かつてはそうではなかったし、いずれそうではなくなる。そういう期間限定の歴史的構成物です。でも、「国民国家の時代」においては、その事実はなかなか可視化されません。

長崎が四四〇年ほど前に「イエズス会領」だったという歴史的事実は日本史の授業では（よほどマニアックな教師以外は）たぶん教えていないと思います。この事実を大きく扱った教科書はおそらく文部科学省から「扱いを小さくするか削除せよ」という検閲が入るはずです。そんなことを書かれたら今の政体が「万世一系」でも「天壌無窮」でもなく、何百年か先にはなくなってしまうか、あるいは今とは似ても似つかぬかたちのものになっているということを子どもたちが知ってしまうからです。

同じ理由から、戦国末期の日本が桁外れにグローバルな人材を輩出していたことも、文部科学省は教科書が扱うことを喜ばないでしょう。山田長政や呂宋助左衛門くらいまでなら「海外で辣腕をふるういまどきのグローバル人材」の先駆モデルとして持ち上げることもできるかも知れません。でも、高山右近はそうはゆきません。高山右近は「国」と信仰のどちらを選ぶか迫られたときに二度にわたって国を捨てた人物だからです。秀吉から棄教を迫られたときには、信仰を守って播磨国明石の六万石の領地を捨て、家康が禁教令を発令したときには、日本そのものを捨ててマニラに去りました。みごとな生き方を貫いた人だと僕は思います。現に、その徳を称えて、二〇一六年にバチカンによって福者に列されました（いずれ列聖されて「聖高山右近」と呼ばれるようになる可能性もあります）。けれども、高山右近は今生きていたら、絶対に「国民栄誉賞」はもらえないはずです。国家はどのような力をもってしても個人の心の中には踏み込めない、ということを鮮やかに示したことによって歴史に名を残した人だからです。イデオロギーというのはそういうふうにしばしば「語られて当然であることを語らない」というしかたで発動します。

長崎で僕が感じたことは、キリシタンから原爆まで、その地の人々が経験してきた多くの出来事が、ここでは政治的な理由から忘却されたり、抑圧されたり、抹消されたりしてきたということでした。長崎はある意味で日本史の「特異点」のようなものだったと言ってよいのかも知れません。そこには「外部」に通じる回路が穿たれている。そこを通って、いったん「外」へ出て、そこから振り返ると、僕たちが見慣れた日本とは違う別の日本が見えてくる。「それ」を知ることによって僕たちの自国についての理解は深まるはずです。けれど、それを見せないようにする隠微な力は今も活発に働いています。それは日本をもっと「のっぺり」した顔のものとして見せようとしている。なぜある種の人々は日本を凹凸も濃淡もない均質的な「モノリス」のようなものとして表象したがるのか、僕にはよくわかりません。単に頭があまりよくないので「複雑なことを考えたくない」のか、何か邪悪な意図があるのか、あるいはその両方なのか。

長崎で僕が発見したもう一つの手がかりは「習合(syncretism)」ということです。「聖地巡礼」のこれまでの旅でも、釈先生と僕は日本の固有の宗教性は「神仏習合」のダイナミクスの中にあるということを繰り返し語ってきました。外来の異文化と遭遇したときに、それを排除するのでもなく、それに拝跪するのでもなく、土着のものと接合してしまう。ここが「どんづまり」で、この先はもう海しかないという辺境では、外来のものと遭遇したときには戦うか、逃げるか、手を打つか、いずれかしか選択肢がありません。列島住民は「手を打つ」という解を選びました。それがたまたま奏功した。その成功体験が集団的な知恵として継承された。そういうことだと思います。

「礼は之《これ》和を以て貴《とうと》しと為《な》す」というのはおそらく日本最古の定式化された統治原理ですが、これは別に漢籍から採ったものではないし、半島から渡来した新思想でもありません。列島住民の経験知を言語化したものです。

「礼」というのは、君子が修めるべき「六芸」の第一のものですが、それは「畏るべきもの」に仕える作法のことです。「畏るべきもの」は権威者や上位者だけには限られません。そこには死者たちも鬼神も含まれます。そして、たぶん古代の列島住民は「異郷からの来訪者」もそこに含めたのです。

「習合」はこの太古的な起源を持つ生存戦略の宗教的なかたちです。外来者をとりあえず受け容れる。そして、それと共生し、それと同化し、それと折り合う手立てを探る。

キリスト教の布教過程においても、ヨーロッパの辺境では似たことが起きました。アイルランドではケルト文化がキリスト教を受け容れて、独特のケルト系キリスト教が成立しましたし、カトリックの聖人たちの中にはゲルマンの土着の神々も含まれています。クリスマスというキリスト教最大の祭日も北欧のゲルマン部族やヴァイキングが古代から守っていた冬至祭（ユール）に「上書き」されたものです。

「習合」はおそらく辺境に固有の出来事なのだろうと僕は思います。宗教的権威が十分な実力を持ち、きちんと管理の行き届いた宗教圏ではそんなことは起らない。ローマのサン・クレメンテ教会は地下にはミトラ教の教会跡が残っています（僕も見てきました）。異教の遺構の上にカトリック教会がそれを押しつぶすように建っている。これは「習合」ではありません。キリスト教が異教を圧倒し、その息の根を止めたことを誇示している。

僕が長崎で見たキリシタンの遺跡や遺物から感じたのはそれとは違うものでした。信者の方には失礼な言い方になるかも知れませんが、僕がそこでまず感じたのは「ギーガーみたい」ということでした。

H・R・ギーガーはスイス人の画家で映画『エイリアン』の造形で知られた人です。『エイリアン』のデザイン・コンセプトは「バイオメカノイド」というものです。機械と生物が融合した「習合体」です。ギーガーの造形が衝撃的だったのは、機械が生物に「外付け」されるのではなく、二つの異物が細胞レベルで混じり合っている状態を図像化したからです。アールヌーヴォーの工芸品やガウディの「サグラダ・ファミリア」にもこの「メカニズムとオルガニズムの融合」というアイディアは伏流していますけれど、ギーガーの造形ほど生々しくはありません。多くの人がギーガーの造形について「異教的（paganism）」という感想を書きとめていますけれど、バイオメカノイドというアイディアに宗教的な何かを感じたのだとしたら、それはごく自然な反応だろうと僕は思います。

宗教というのは完成され、教義が整備され、教団や儀礼が体系化されるにつれて、その原初の生々しさを失います。生命力と言ってもよいかも知れない。発生期の宗教には、身の回りのすべてに触手を伸ばし、そこに霊的要素が少しでもあれば吸い上げ、それを滋養にして生き延びようとする強烈な生存本能のようなものがあります。わずかな日の光や水分や土を求めて根を張り、葉を拡げ、枝を伸ばす植物に僕たちが感じるあの生命力です。ギーガーのバイオメカノイドは、こう言ってよければ、「機械を食い尽くしても生き延びようとする生物」と「生物を熱源にしても生き延びようとする機械」の二つの生命力の絡み合いを図像化したものです。

長崎で僕が見たのはそれに近いものでした。そこにあったのは、「ここで信者を失ったら、列島にキリスト教の最後の足場を失ってしまうキリスト教」の生き延びようとする力と「ここで信仰を捨てたら、この世界に生きる甲斐を失ってしまう信者たち」の生き延びようとする力の、二つの力の絡み合いが創り出した何ものかでした。何に変容しようと、どのような意匠をまとおうと、キリスト教であり続けなければならない、キリスト教徒であり続けなければならないという宗教と信者の双方の切迫が「隠れキリシタン」という解を見出した。僕はそう思いました。

元治二年（一八六五年）に一人の女性が浦上天主堂のプチジャン神父を訪れ、カトリック信者であると告げたところから隠れキリシタンの発見と顕彰は始まるわけですけれど、神父が驚嘆し、ピオ九世がこれを「東洋の奇蹟」と呼んだのは、ただ長きにわたって神父不在のまま信仰を守った人々がいたということには尽くされないと思います。それよりもむしろさまざまな「バイオメカノイド的変容」を遂げながら、石に齧り付いても、草の根を貪ってでも、異物と化してもなお生き延びようとした信仰の生命力の強さにカトリックの神父たちは感動したのではないかと僕は思います。

長くなりましたので、この辺で終わりにします。長崎の旅がきっかけとなって、それ以後「グローバル」と「習合」についてずっと考えています。たぶんそれは何らかのかたちで他の仕事につながってゆくのではないかと思います。生成的なアイディアをもたらしてくれたこの旅について、長崎聖地巡礼を企画してくれた東京書籍の岡本知之さんはじめ編集部のみなさん、案内人として僕たちをインスパイアしてくれた下妻みどりさん、そして旅の変わらぬパートナーである釈徹宗先生に改めて心からお礼を申し上げます。ありがとうございました。

二〇一六年一〇月　内田樹

【写真協力】（敬称略）

第一章　春徳寺／長崎市　文化観光部文化財課／長崎県庁　企画振興部まちづくり推進室／日本二十六聖人記念館／カトリック長崎大司教区／下妻みどり

第二章　日本キリスト教団前橋教会　川上盾牧師／長崎市　企画財政部世界遺産推進室／カトリック長崎大司教区／お告げのマリア修道会／辻原祐子

第三章　京都四条病院／椿寺／茨木市立キリシタン遺跡資料館　東満理亜／茨木市立文化財資料館／神戸市立博物館／カトリック高槻教会

◇本書は、二〇一三年十一月十八～十九日の長崎への取材、および、二〇一四年三月三十一日の京都・大阪への取材を再構成し、全面的に修正・加筆したものです。

内田樹（うちだ・たつる）

1950年東京生まれ。思想家・武道家。神戸女学院大学名誉教授。専門はフランス現代思想、武道論、教育論など。現在、神戸市で武道と哲学のための学塾「凱風館」を主宰している。主な著書に『私家版・ユダヤ文化論』（文春新書・第6回小林秀雄賞受賞）『日本辺境論』（新潮新書・2010年新書大賞受賞）などがある。近著に『困難な結婚』（アルテスパブリッシング）『転換期を生きるきみたちへ』（岡田憲治他9名との共著、晶文社）など。

釈徹宗（しゃく・てっしゅう）

1961年大阪府生まれ。浄土真宗本願寺派・如来寺住職。相愛大学教授。専門は比較宗教思想。特定非営利活動法人リライフ代表。私塾「練心庵」も主宰している。論文「不干斎ハビアン論」で第5回涙骨賞受賞。主な著書に『いきなりはじめる仏教生活』（新潮文庫）『ゼロからの宗教の授業』（小社）などがある。近著に『宗教は人を救えるのか』（角川SSC新書）『死では終わらない物語について書こうと思う』（文藝春秋）など。

聖《せい》地《ち》巡《じゅん》礼《れい》 リターンズ

2016年12月1日　第1刷発行

著　者　内田樹《うちだたつる》、釈徹宗《しゃくてっしゅう》

発行者　千石雅仁

発行所　東京書籍株式会社

東京都北区堀船2-17-1　〒114-8524

電話 03-5390-7531（営業）

03-5390-7455（編集）

印刷・製本 図書印刷株式会社

ISBN 978-4-487-80841-0 C0095

ブックデザイン＝長谷川理
表紙・本文イラスト＝浅妻健司
ＤＴＰ＝越海編集デザイン
構成＝熊谷満
録音・映像＝東井尊（東京書籍）
編集＝岡本知之／植草武士（東京書籍）

東京書籍ホームページ　http://www.tokyo-shoseki.co.jp/
乱丁・落丁の際はお取り替えさせていただきます。
定価はカバーに表示してあります。

「聖地巡礼」シリーズ　好評既刊

聖地巡礼 ビギニング

内田 樹、 釈 徹宗／著

四六判／328頁／本体1500円（税別）

でかけよう、宗教性をみがく旅へ!

内田樹と釈徹宗が、日本人が失っている霊性を再生賦活すべく、

日本各地の「聖地」を旅する新シリーズ。第1巻は大阪、京都、奈良。

ISBN 978-4-487-80638-6

聖地巡礼 ライジング 熊野紀行

内田 樹、 釈 徹宗／著

四六判／296頁／本体1500円（税別）

日本の宗教性の古層を熊野で探る!

日本各地の霊性を再発見するシリーズ「聖地巡礼」の第2弾!

今なお霊性がむき出しの聖地・熊野で、両著者は何を感じるのか。

ISBN 978-4-487-80639-3